모모와 다큰 왕자

나를 알고 타인을 이해하는 7인 7색 관계 심리학

Le Momo et le prince adulte

모모와 다른 왕자

나를 알고 타인을 이해하는 7인 7색 관계 심리학

엄혜선 글·그림

Le Psychologie relationnelle:
sept personnes des sept couleurs
qui nous apprend
et comprend les autres.

A 애드앤미디어

사막을 떠난 어린 왕자는 장미를 만났을까?

이 책은 〈어린 왕자〉의 마지막 장면에서 다시 시작됩니다. 소행성 B612에서 장미와의 관계가 어려웠던 어린 왕자는 별을 떠나기로 마음 먹었어요. 그는 별들을 여행하며 지리학자, 왕, 허영쟁이, 술꾼, 사업가 같은 사람들을 만났지만, 그들과 관계를 맺지는 않았어요. 그는 그저 별들을 지나치면서 중얼거렸어요.

"어른들은 아무래도 좀 이상해."

지구에 온 어린 왕자는 비행사와 여우를 만나면서 마음으로 보는 것의 중요성을 깨닫습니다. 그리고 자신이 길들였던 장미를 책임지러 돌아가기로 선택하지요. 그 뒤에 이어지는 이야기는 수십 년간 전 세계 독자들의 상상력을 자극해왔어요. 만약 어린 왕자가 자기 별에 돌아갔다면 그곳에서 어떻게 지냈을까요?

심리학 콘텐츠와 명작 패러디의 만남!

이 책의 주인공 다큰 왕자는 사회에 첫발을 내딛는 젊은 세대를 대표하는 캐릭터입니다. 이 책에서 '어린' 왕자는 '다큰' 왕자가 되어 새로운 관계 맺기 여행을 시작합니다. 원작에서 만났던 인물들은 각기 다른 성격을 가진 캐릭터로 변신해서 왕자를 기다리고 있어요. 다큰 왕자는 비밀 친구 모모의 도움으로, 별에 사는 사람들을 만나 새로운 시도를 하게 됩니다. 우당탕탕 깨지고 화해하고 질문하면서, 서로에게 조금씩 스며들지요. 여행이 끝날 때쯤, 왕자는 전보다 훨씬 성장하고 관계에 대한 자신감을 얻게 됩니다.

여러분은 어떤 사람과 함께 있을 때 편안한가요? 자신의 바운더리는 잘 지키고 있나요? 나와 다른 성격과 가치관을 가진 사람들과 일하고 소통할 때 어떻게 하면 좋을까요? 새로운 사람들을 만날 때, 관계에서 어려움을 겪을 때, 동료나 선배들과 소통하고 싶을 때, 이 책을 열어보세요.

관계 맺기를 알려준 좋은 인연들

동네 공원을 함께 걸으면서 캐릭터 세계관을 함께 구상해준 사랑하는 규철 씨, 다큰 왕자의 모델이 되어준 지예와 지현이도 감사해요. 아이패드를 덥석 안겨주며 응원해준 동생 혜경과 전폭적인 응원을 보내주는 윤경 언니, 혜숙 언니, 향숙 언니, 수진, 보라, 영진, 희숙, 병수, 순애, 은기, 윤선, 자영, 후연, 윤영, 정인, 순자, 인옥, 서양화가 서애란 선생님 등 좋은 인연들도 감사합니다. 가장 소외된 사람들을 위해 안전하고 따뜻한 상담을 할 수 있게 도와주시는 아동복지실천회 세움의 이경림 대표님, 이지연, 최윤주, 신미선 선생님 감사합니다. 고군분투하는 저의 성장을 따스하게 지켜봐주시는 김미선, 남윤희, 윤혜정, 이영은 선생님과 한기백 교수님도 감사합니다. 다큰 왕자 이름을 지어주고 창의적인 아이디어로 신선한 자극을 주시는 얼앤똘비악 김문교, 봉찬우 디자이너님, 독자의 마음으로 알차게 편집해주신 니모쌤에게도 감사합니다. 모두 관계 맺기가 무엇인지 알려주고, 좋은 인연이 되어주고 계셔서 다큰 왕자가 세상에 나왔답니다.

별에 사는 사람들의 세계관을 이해하고, 다큰 왕자의 성장 과정이 독자분들 마음에 잘 닿길 바라는 마음으로 서툴게 그린 삽화도 함께 담았어요. 성장형 캐릭터 다큰 왕자와 모모의 특별한 여행에 여러분을 초대합니다.

2024년 1월 25일
모모쌤

---

* 일러두기
　다큰 왕자의 '다큰'은 '다 큰'으로 띄어쓰기를 해야 하지만, 이 책에서는 고유 명사로 붙여쓰기 했음을 알려드립니다.

"내 비밀을 말해줄게. 비밀은 아주 단순해.

그건 마음으로 봐야 잘 보인다는 거야.

가장 중요한 건 눈에는 보이지 않아."

"And now here is my secret, a very simple secret:

It is only with the heart that one can see rightly;

what is essential is invisible to the eye."

– 『어린 왕자』 앙투안 드 생텍쥐페리 –

⭐ 차례

책방 주인 마르코
이불 밖은 위험해! 실행력이 부족한 사람을 만난다면

시설관리인 세바스찬
이번 생은 갓생 사는 프로 루틴러를 만난다면

성공한 CEO 알렉사
느은 성취감을 추구하는 완벽주의자를 만난다면

귀농한 셰프 포레스트
느림의 미학, 삶의 속도가 다른 사람을 만난다면

유튜버 개스톤

인정 욕구로 인한 허영심 많은 사람을 만난다면

벼락부자 건물주 토르

관계를 힘의 대결로 보는 권위적인 사람을 만난다면

플로리스트 로제

장미 가시 같이 예민한 사람을 만난다면

다른 왕자 되기 전 어린 왕자 요약하기

만난 사람들 ---▷ 지구

오후 4시에 네가 온다면
나는 3시부터 행복할 거야.

다른 왕자 되기 전 어린 왕자 요약하기

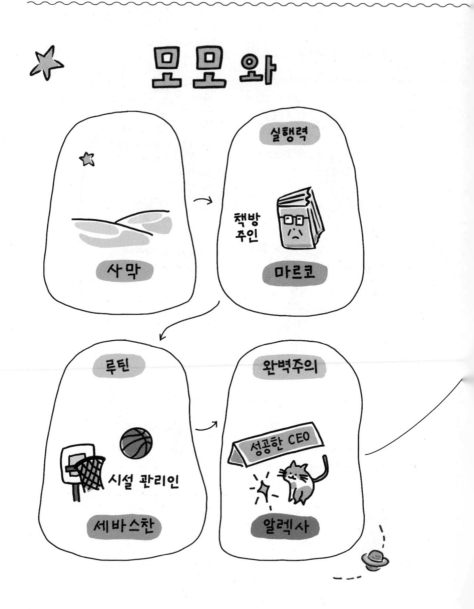

모모와

다른 왕자

삶의 속도

귀농한
셰프

포레스트

허영심

유튜버

개스톤

권위주의

벼락부자

토르

예민함

플로리스트

로제

모모와 다른 왕자, 7인 7색 관계 맺기 여정

...chologie relatio...
...t personnes des sept couleurs
qui nous apprend
et comprend les autres.

다른 왕자,
모모를 만나다

Le Momo et le prince adulte

다큰 왕자,
모모를 만나다

용기 있는 사람이 새로운 도전을 할 수 있다

모모는 눈앞에서 꼬물거리는 생명체가 신기해서 말랑말랑한 몸통을 쿡쿡 찔러봤다.

「다큰 왕자! 나는 모모야. 내가 생명 에너지를 준 거야. 나는 왕자 눈에만 보여.」

나에게만 보인다고? 살다 보니 별일이 다 있네. 별에 돌아가고 싶은 간절함이 온 우주에 전해졌나?

「모모, 나는 혼자서도 잘해. 다 컸다고!」

나는 먼지를 툭툭 털고 일어나면서 큰소리를 쳤다. 뱀에 물린 상처는 다 아물어서 이제는 간지러운 정도였다. 얼마나 시간이 지난 걸까. 발뒤꿈치를 벅벅 긁으면서 주위를 둘러봤다. 아직 지구 별이구나.

「누가 덜 컸대? 너의 별로 돌아가는 길에 도움을 줄 수 있는데, 어때? 마법 같은 거지.」

「마법? 그럼 뿅 하고 순간 이동하는 거야?」

「하하하. 마음속으로 날 수 있다고 생각하면 돼. 내가 함께하니까.」

「진짜? 그럼 당장, 어서 빨리 B314로 가자.」 나는 모모를 잡고 흔들었다.

「잠깐! 그곳으로 가려면 왕자가 지나온 별들을 다시 거쳐야만 해. 이전에 스쳐 지난 사람들을 다시 만나는 거야.」 모모는 천천히 말했다.

「힝! 뭐야. 사람들을 만나면 또 애써야 하잖아.」

* 일러두기
'B314'는 〈어린 왕자〉에 나오는 'B612'를 본떠 만든 다큰 왕자가 살던 행성의 이름입니다.

다큰 왕자, 모모를 만나다

사실 고향 별에 두고 온 로제가 어떻게 지내는지 신경이 쓰였다. 하루라도 빨리 가서 떠나온 이유를 해명하고 싶었다.

「나는 로제와의 갈등을 풀지 못하고 떠나왔어. 그래서 사람들을 만나기가 좀 두려워.」

주저하는 나를 보며 모모는 싱긋 웃었다.

「왕자가 자기 별로 돌아가려고 했을 때부터 알아봤어. 그런 시도는 용기 있는 사람만이 할 수 있지.」

「그렇긴 한데….」 나도 모르게 목소리가 작아졌다. 괜히 핸드폰만 들여다보며 시간을 벌었다.

「왕자는 사람들에게 관심이 많고 친절하잖아. 새로운 도전에도 주저하지 않고. 분명히 잘할 거야.」 모모가 또 나타나 뒹굴거리는 나를 설득했다.

「내가 괜찮은 사람이란 건 나도 알아. 그런데 지금은 아무것도 하고 싶지 않아. 사람들과 잘 지내려면 또 에너지를 써야 하잖아.」 칭얼거리면서 올려다보니, 모모가 뒷목을 잡고 있다.

「왕자, 너 자뻑은 여전하구나.」

괜히 멋쩍어서 모모를 쿡 찔렀다.

「왕자, 사람들에게는 저마다 문제를 해결할 마스터키가 있는데, 자기 안에 있는 걸 모르고 있어. 별에 사는 사람들과 다시 소통해보면 어떨까?」

「내가 예전과는 다르게 대할 수 있을까? 길들이는 건 너무 어려워.」 나는 이마를 짚고 흔들었다.

「음… 꼭 길들이지 않아도 괜찮아. 서로에게 얼마나 스며드는지 그저 지켜보면 되는 거야.」

휴~ 긴 숨을 내쉬었다. 눈에 힘을 주며 물 떠오라고 명령하던 로제가 떠올랐다.

「별에 사는 사람들과도 지금까지와는 다른 시도를 해본다면, 분명 배우는 게 있을 거야. 그럼 갈등에 대처하는 힘이 생기지 않을까?」

솔깃했다. 나는 평소 연결을 중요하게 생각하는 사람이다. 하지만 누군가를 이해하는 건 에너지가 꽤 소모되는 일이라서 문제가 생기면 일단 도망쳤다. 그런데 지금은 내 앞에 모모가 있다. 모모와 함께라면 할 수 있을까.

　「왕자, 내가 지켜봐줄게.」

　「그래, 한번… 해보자.」

　다시 관계 맺기라. 내가 사람들에게 다가갈 수 있을까. 더 힘들어지지는 않을까. 이렇게 낯선 여행이 시작되었다.

다큰 왕자

20대 취준생

행성을 여행하면서
관계 맺기를 연습하는
열정적인 젊은이

ENFP

다재다능

성장형 캐릭터

WORD CLOUD

캘시퍼 농구 급함 LOVE 네때앤

network 열정 책 쓰기

여행 핸드폰

몸짱 까칠함

창의적 작곡 멍때리기

센서티브 1인분

야구

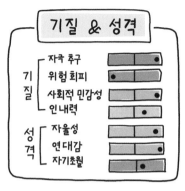

기질 & 성격

기질
- 자극 추구
- 위험 회피
- 사회적 민감성
- 인내력

성격
- 자율성
- 연대감
- 자기초월

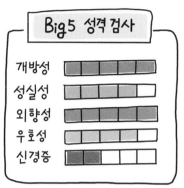

Big5 성격검사

- 개방성
- 성실성
- 외향성
- 우호성
- 신경증

감정 Iceberg

성취 성공
성장 " 독립

불안

소외감 인정 욕구
불확실한 미래
경쟁 긴장감
홀로서기의 두려움 완벽주의
애정욕구 경제적 자립

버킷 리스트

암벽등반
건물주
카이이다이빙 겨울
BOOK 다른 왕자
작가
바디프로필

다른 왕자, 모모를 만나다

모모

다큰 왕자   # ENFJ
눈에만 보이는   # 봄날의 햇살
생명체   # Holding

기대하시라 !
맞아도 아프지 않은
모모의 뼈 때리는 조언

진화 단계

봉봉   세모
   네모   모모

다른 왕자, 모모를 만나다

chologie relation...
pt personnes des sept couleurs
qui nous apprend
et comprend les autres.

책방 주인
마르코

이불 밖은 위험해!
실행력이 부족한 사람을 만난다면

책방 주인 마르코

이불 밖은 위험해! 실행력이 부족한 사람을 만난다면

모든 행동에는 이유가 있다

마르코는 여전히 책에 파묻혀 허우적거리고 있었다. 책방 주위로 나무와 풀들이 자라고 있어서 오래된 숲에 들어선 느낌이다.

「마르코, 여전히 책을 읽고 계시네요.」

구부정한 허리를 펴고 고개를 들어 나를 바라보는 그가 생각보다 늙어 보였다.

「오, 탐험가가 돌아왔군요. 지구는 어땠나요? 영원한 것들이 있던가요?」 그는 뿌옇게 흐린 안경알을 옷으로 닦으면서 쳐다봤다. 세월을 정통으로 맞은 얼굴이었다.

「영원한 건 없더라고요. 그래도 새로운 건 배웠어요. 길들이는 것.」

「길들여 봐야 소용없어요. 다 의미 없는 일이죠.」

이건 뭐지? 나는 벌써 그의 첫 마디에 빈정 상했다. 그는 소매를 걷어 올리더니 공책에 뭔가 적었다. 뒷목에 붙인 파스와 무릎 위에 놓인 찜질팩을 보니 그가 하루를 어떻게 보내는지 알 수 있었다.

나는 잠시 모모를 불러내서 푸념을 마구 쏟아냈다.

「정말 이해가 안 돼. 마르코는 책만 읽고, 책 안에 갇혀 지내는 바보야. 실행력 빵점이라 답답해 죽겠어.」

「왕자, 모든 사람의 행동에는 선택한 이유가 있어. 무엇이 마르코를 책 속 세상에만 머물게 하는지 궁금하지 않니?」

책방 주인 마르코

나는 잠시 대답을 망설였다.

「다큰 왕자~.」

「보채지마, 알았어. 시도는 해볼게. 그런데… 어떻게 하면 되는 거야?」

「음… 마르코가 하는 이야기를 판단하지 말고 들어봐.」

「그냥 듣기만 하면 되는 건가?」

모모는 내 말에 한숨을 쉬며 검지손가락을 까닥거렸다. 저럴 때는 한 대 쥐어박고 싶다.

「아니지, 아니지! 능동적 경청! 마르코가 하는 말을 세심하게 주의를 기울이면서 궁금해하며 듣는 거야. 너는 잘할 수 있을 거야.」

그래, 까짓것 나도 할 수 있지. 다른 사람을 이해하려면 그 행동에 어떤 이유가 있는지 들어보는 거, 나도 할 수 있다 이거야.

「마르코, 그동안 읽은 책이 이제는 별 밖으로 흘러넘치겠어요.」

내 말을 듣고 그는 주위를 둘러봤다.

「죽기 전에 가보고 싶은 곳이 많았는데.」 그는 안경 너머로 우주를 바라봤다.

「가보고 싶은 곳이 있음 떠나면 되죠, 왜 책만 읽으⋯!」

앗, 아니다. 일단 궁금해하라고 했지.

「궁금한 게 있어요. 저는 배운 걸 행동으로 옮기는 걸 중요하다고 생각하는데, 마르코는 그게 어려운가요?」

「흠. 나는 한때 우주를 돌아다니는 탐험가가 되고 싶었죠.」

「탐험가요? 오, 그런데 무슨 일이 있었나요?」 내가 누군가! 호기심이 발동했다.

「열 살 때였나~.」 그는 펜을 잡느라 구부러진 손마디를 주무르면서 말을 이어갔다.

「우리 가족은 캠핑족이었죠. 우주선에는 늘 캠핑용품이 준비되어 있었고요. 그날도 얼마나 설렜는지 양말을 짝짝이로 신은 줄도 모르고 뛰어나갔지 뭡니까. 그런데 우리가 이륙하자마자 갑자기 거대한 운석이 날아왔어요.」

「아이고.」나도 모르게 주먹을 꽉 쥐었다.

「우주선과 충돌했을 때의 공포란! 깨어났을 때 우리는 병원에 있었어요. 나는 다리 한쪽만 다쳤지만, 부모님은 서너 달 고생하시다 돌아가셨지요.」

「….」

「그때 이후로 내 몸은 얼음이 되었어요. 어디로든 떠나기가 무서웠어요. 책방에서 일하면서 안전하게 여행하는 법을 깨달았죠. 요즘도 어린아이가 되어 우주를 여행하는 꿈을 꿉니다. 이 별 저 별 돌아다니며

모모와 다른 왕자

행성을 맨발로 밟는 감촉은… 정말 부드럽지요.」

　그는 오른쪽 무릎을 주무르면서 깊은 한숨을 쉬었다.

　「맨발로 여행하는 꿈이라…멋지네요.」

　「아름다운 별들을 보면서도 떠날 수 없는… 나는 그저 힘없는 드리머(Dreamer)랍니다.」

　이제 그의 입장을 조금은 알 것 같다.

　「열 살짜리 어린애가 감당하기에는 너무 힘든 시간이었겠어요.」

　「….」

책방 주인 마르코

상대방도 스스로 선택하는 것이 있다

「마르코, 책만 읽고 살면서 어려움은 없으셨나요?」

「음… 사람들이 나를 보면서 어떤 생각을 할지 나도 알아요.」

「뭐, 속 터지고 답답해 죽겠다고 했겠… 헙!」 나도 모르게 입을 틀어막았다. 능동적 경청 잘하다 어디로 빠지는 거냐. 일단 고개를 끄덕여 본다.

「답답해 보이겠지요. 아는 건 많으면서 실제로 해볼 용기는 없다고 비웃을 테고. 생각보다 많은 친구들이 저를 떠나갔어요. 대화가 안 통하는 고집불통이라나요.」

잘 아시네요. 얼굴에 그렇게 써 있어요. 차마 입 밖으로 꺼낼 수 없는 말이었다. 책장 위 스피커에서는 잔잔한 재즈가 흘러나왔다. 어라, 분위기는 좀 아시네.

「앉아만 있으니 건강도 많이 나빠졌어요.」

허리를 두드리는 그의 눈망울이 촉촉하다. 어딘지 외로워 보인다. 하긴 나도 이번 여행을 하며 외로움을 느끼고 있지.

「마르코는 언제 스스로를 괜찮은 사람이라고 느끼시나요?」

「괜찮은 사람이라…」 그는 눈을 지그시 감고 생각에 잠겼다.

「….」

「내 일터에서 그저 묵묵히 일할 때 아닐까요?」

자기 일을 묵묵하게 하는 능력이라, 그건 내가 부족하긴 하다. 로제와 싸웠을 때 바오밥나무 씨앗이고 뭐고 다 팽개치고 도망치듯 떠나왔으니까.

「오랜 시간 자기 자리를 지키는 건 너무 어려워요.」

「왕자, 사람마다 잘하는 게 다르지 않겠어요?」

「음…저는 새로운 도전을 하는 제가 마음에 들어요. 낯선 경험도 주저하지 않거든요. 거의 간이 배 밖으로 나왔다고나 할까요.」 나는 배를 문지르면서 간이 잘 붙어 있는지 확인했다.

「멋지네요. 왕자, 나는 새로운 도전이 어려워요. 대신 나는 내 삶을 이끌어가요. 오늘 하루를 어떻게 보내고, 어떤 책을 읽고, 어떤 글을 쓸까 늘 선택하지요.」

글로 사람들의 마음을 위로하고 싶어요.

나 우주로 돌아가리라.

HERE LIES

나는 새로운 도전이 어려워요.

책방 주인 마르코

선택이란 말은 좋아도 답답한 단어다. 몸이 근질거려서 어떻게 한곳에만 머물지?

「그러면서 내가 좋아하는 일도 찾았어요. 수십 년이 걸렸지만. 허허.」

머리를 긁적이며 웃는 마르코를 보면서 그의 어린 시절을 상상해봤다. 다부진 입매에 초롱초롱한 눈망울을 반짝이며 별들을 바라봤을까.

「누군가에게 도움이 되는 사람이 되고 싶어요.」 그는 내 눈을 똑바로 바라보면서 힘주어 말했다.

「어떻게요?」

「책을 쓰고 싶어요. 직접 찾아가지 못해도 글로 사람들의 마음을 위로할 수 있겠죠.」

「사람들을 위로하는 작가. 멋져요! 직접 겪어본 일을 쓰면 생동감이 있겠지만. 제가 여기저기 떠돌아다녀 보니 할 말이 많더라고요.」

「왕자처럼 여행하면서 겪은 이야기라면 더 좋겠지만. 아직까지는 막연해서 이것저것 끄적이고 있어요.」

어린 시절 그가 다치지 않았으면 얼마나 좋았을까.

「취미생활을 하다 보면 글감이 다양하지 않을까요?」

「고아로 자라면서 돈 버는 게 중요했어요. 취미생활? 그건 내게 사치랍니다. 젊은 애들이 자기 계발한다고 이것저것 쑤시고 다니는 걸 보면 은근히 화가 나요.」

「우리가 워라밸을 누리는 게 왜 화가 나죠? 부러우신 거 아니에요?」

「음… 솔직히 부럽긴 해요.」

「이럴 때는 쿨하시네요.」

마르코는 온열기 옆에 무릎을 갖다 댔다. 몸이 아픈 그에게 실천도 못하는 이상주의자라고 얕본 게 좀 미안했다. 나는 그가 쓴 노트를 잠시 보여달라고 했다.

「오, 시를 쓰시나요?」

「하나뿐인 친구가 나이 오십에 세상을 떴는데, 죽기 전에 써서 읽어 주었어요.」

「마르코한테도 친구가 있었어요?」

마르코는 앙상한 손으로 내 등짝을 한 대 쳤다. 아야!

「자기 묘비명으로 해 달라고 하더군요.」

나는 그가 쓴 짧은 문장을 읽었다.

> 나 우주로 돌아가리라.
> 아름다운 이 세상. 소풍 끝나는 날,
> 가서 아름다웠더라고 말하리라.

「이건 천상병 시인의 시와 비슷한데요.」

「맞아요. 그 시를 패러디했어요. 친구도 무척 좋아했어요.」 그는 입꼬리를 올리면서 어깨를 으쓱해 보였다.

「오~, 친구가 좋아했을 때 어떠셨어요?」

「가슴이 벅찼지요. 있을 때 더 잘해주지 못해서 미안했는데. 하늘로 소풍 가기 전에 작은 선물을 해준 거지요.」 마르코는 소맷자락으로 눈물을 훔쳤다.

「나이가 들수록 감정이 많아져요. 좋은 문장을 읽으면 가슴이 뜨끈해져요. 필사한 내용을 읽으면서 운 적도 있고. 허허.」 감성이 풍부한 마르코는 코를 풀었다.

「친구분이 이 시를 품고 가셨군요.」

「왕자는 미래를 꿈꾸지요? 요즘 나는 지금 이 순간이 소중해요.」

마르코, 나도 당신만큼 카르페 디엠을 좋아한다고요!

「마르코의 묘비명은 모두에게 감동을 주었겠어요.」 나는 엄지척을 해보였다. 외로운 중년으로만 보였는데, 마르코는 생각보다 많은 사람들과 연결되어 있었다.

「괜찮아 보이나요? 사실 묘비명 몇 가지를 모아두었어요.」 그의 얼굴에 생기가 돌면서 책장을 뒤적거리더니 얇은 노트 한 권을 보여주었다.

「유명 인사들의 묘비명이죠. 요즘은 죽음에도 관심이 가길래 모아두었어요.」

세상에나. 나는 마르코의 기록 습관에 감탄했다. 그는 몇십 년 동안 쓴 일기와 메모들도 순서대로 정리해두고 있었다.

「이게 마음에 드네요. '살았다, 썼다, 사랑했다.' 마르코의 이야기 같아요.」

웃는 나를 보면서 그는 단단하게 말했다.

「맞아요. 내가 살아온 이야기지요. 멀리 떠나지는 못하지만 지금까지 꾸준하게 루틴은 만들었어요.」

「그쵸. 좋아서 하는 일이니까 할 수 있었을 거예요.」

「그럴 수 있겠네요. 똑똑한 젊은이가 나를 인정해주니 기쁘군요.」

이건 무슨 느낌이지? 고집불통 독거중년인 줄 알았는데 대화가 좀 되네. 마르코는 자신의 바운더리 안에서 유능감을 느끼고 있었다.

경험과 지식 사이의 균형이 중요하다

「그런데요. 글이든 묘비명이든 잘 쓰려면 실제로 경험이 필요하지 않나요?」

「실행력 말인가요?」

「네, 실제로 해보지도 않고 어떻게 인생의 깊이를 이해할 수 있어요? 안개 낀 자작나무 숲에서 나는 향기를 맡아보셨나요? 바닷가에 일렁이는 파도 거품을 만져봤어요? 마르코는 아무것도 경험해보지 못했잖아요.」 나는 그에게 매몰차게 물었다.

「흠… 왕자는 내 상황을 아직 이해 못하는군요.」

아차, 마르코가 한숨을 쉬는 걸 보고 성급하게 몰아친 것을 후회했다.

「마르코, 죄송해요. 답답해서 그랬어요.」

「나를 도와주고 싶은 마음이 있어서 그런 거 알아요.」

부드러워진 마르코의 목소리가 왠지 편하게 느껴졌다.

「혹시 어린 시절 트라우마 때문에 여행을 못 하는 거 다른 사람들도 알고 있나요?」

「음… 유일하게 알았던 그 친구는 이제 세상에 없지요. 왕자는 좋아하는 게 뭔가요?」 실눈을 뜨고 먼 우주를 바라보던 마르코가 나를 물었다.

「저는 원래 아름답고 덧없는 것들을 좋아해요. 달, 별, 꽃, 바람… 특히 음악이 좋아요.」 음악 이야기만 나오면 몸이 흔들거리는 나란 사람.

「음악이라. 그래서 어떤 삶을 살고 싶은 거죠?」

책방 주인 마르코

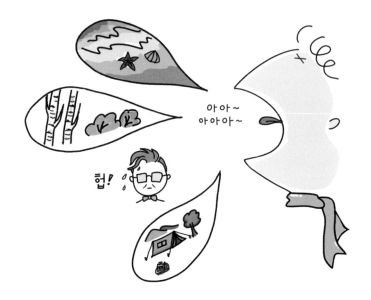

질문을 받고 보니 머쓱했다. 나는 아직도 진행 중인데.

「아직 찾고 있어요. 저는 일과 안정보다 경험이 중요해요. 세상이 어떻게 돌아가는지 느끼고 감상해야죠. 어차피 나이 들어 힘이 없어지면 그때는 후회한다고요.」

「흠. 나에게는 팔자 좋은 소리로밖에 안 들립니다. 그래도 왕자가 하는 말은 한번 들어줄게요. 경험을 많이 하고 싶다는 거지요?」

「네, 맞아요. 젊어서 많은 경험을 하고 싶어요.」

「경험도 중요하지만 열심히 책을 읽어봐요. 내가 실행력이 떨어지는 것처럼, 왕자는 지식이 부족한 것 같네요.」

「저도 SNS로 끊임없이 텍스트를 읽고 있다고요. 그것도 배우는 거

예요. 그리고 힘들 때는 바로 주변에 도움을 요청해요.」나는 핸드폰을
힘주어 흔들었다.

　「음… 남에게 폐를 끼치는 게 아닐까요?」그는 뭔가 주저하는 듯이
굽은 손마디를 주물렀다.

　「마르코는 누군가 손 내밀면 언제든 도와줄 수 있지요?」

　「그럼요!」

　「잘 의지하는 것도 능력이라고 배웠어요.」

　「음… 한번 생각해보지요.」

마르코는 잠시 주저하는 것 같더니 누군가에게 문자를 보냈다.

책방 주인 마르코

「왕자, 마르코를 만나보니 어땠니?」 책방 문을 나서니 모모가 나타났다.

「누구를 쉽게 판단하는 게 아니었어. 다 나름의 사정이 있었네.」

「그렇지. 잘 알아차렸네.」 모모 주변에서 에너지가 반짝거렸다.

「모모, 마르코는 지식이라는 미로에 갇혀 있는 사람 같아.」

「왕자, 경험과 지식 모두 중요한 거야. 중요한 건 둘 사이의 균형이지.」

「균형…?」

나는 삶의 균형을 얼마나 잡고 있을까 생각하면서 종이봉투를 만지작거렸다. 마르코가 여행하면서 출출할 때 먹으라고 간식으로 넣어준 약과다.

「왕자, 나눠 먹자.」

아, 맛있는 냄새가 났나? 언제 또 봤지? 침 흘리는 모모를 보면서 나는 종이봉투를 쥔 손에 힘을 주었다.

다른 왕자의 일기

마르코는 자기 삶에 만족하는 것 같았다. 처음에는 실행력 빵점인 그가 답답했는데, 날마다 주도적으로 선택하는 그를 보니 왠지 자신감이 느껴졌다. 나는 이번 여행을 하면서 사람들을 만날 때마다 어떤 선택을 할까? 암튼, 모모와 여행을 할 수 있게 되어 감사하다. 마르코가 준 약과를 모모랑 맛있게 나눠 먹었다.

모든 행동에는 이유가 있었는데, 성질을 잘 참은 것 같아서 다행이다. 하마터면 마르코를 무시할 뻔했으니까. 역시 편견에 빠지지 않으려면 다양한 각도에서 살펴봐야겠다. 나도 언젠가는 마르코처럼 나이를 먹겠지. 지금은 천방지축 방랑자이지만 지혜롭게 나이 들고 싶다. 저 우주의 별들이 서로 균형을 이루는 것처럼.

모모의 뼈 때리는 조언

> **실행력이 부족한 사람을 만나면 기억하자!**

- 모든 행동에는 이유가 있다.

- 마음을 얻고 싶으면 먼저 상대방의 이야기를 들어라.

- 남의 실행력을 말하기 전에 너부터 돌아봐라.

  "아침에 이불은 갰냐?"

아침에 이불은 갰냐모모?

책방 주인 마르코

마르코

50대 책방 주인 / 작가

아는 건 많은데
실행력이 부족한 사람

\# INTJ
\# 글쓰기
\# 혼자서도 잘 논다
\# 성실맨

WORD CLOUD

노인과바다 책 읽기 돼지국밥
글쓰기 뉴진스 필사
똥고집 실내 클라이밍 짜장
캐러비안의 해적 한사랑산악회 LOL 봉지 개미핥
아이스 뽕따 꼬투리 남지 개미핥
흑백 TV 동동주 부먹
모비딕 수집 중년을위한 스포츠 브이로그
퇴행성관절염

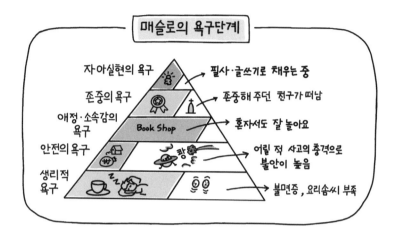

매슬로의 욕구단계

- 자아실현의 욕구 → 필사·글쓰기로 채우는 중
- 존중의 욕구 → 존중해 주던 친구가 떠남
- 애정·소속감의 욕구 → 혼자서도 잘 놀아요
- 안전의 욕구 → 어릴 적 사고의 충격으로 불안이 높음
- 생리적 욕구 → 불면증, 요리솜씨 부족

Book Shop

장점

독창적 아이디어
선견지명   넓고 깊은 지식
묵묵히 맡은 일을 해냄
복잡한 문제 푸는걸 ♥

단점

실행력 부족
진지충 냉정함
\ NO ! /   똥고집
고정관념

스트레스 대처

간식 & 야식으로 풀기
깐깐한 완벽주의
남의 의견 무시
까칠해짐

51

chologie relation
t personnes des sept couleurs
qui nous apprend
et comprend les autres.

시설관리인 세바스찬

이번 생은 갓생 사는
프로 루틴러를 만난다면

시설관리인 세바스찬
이번 생은 갓생 사는 프로 루틴러를 만난다면

고정관념이 세운 벽

우리는 언덕 위에 우뚝 선 등대 불빛을 따라왔다. 이제 여행자들은 가로등 대신 우주 등대의 도움을 받는다. 등대는 해 질 녘부터 새벽녘까지 천천히 도는데, 지금은 물고기자리로 이동하고 있다.

「모모, 세바스찬은 이 별에서 얼마나 오래 일했대?」

「10년은 되었을걸. 무척 성실한 시설관리 담당자인가 봐.」

「여기서만 근무했으면 지루하지 않을까? 시키는 일만 하면 인생이 재미없을 텐데….」

「그가 행복하지 않을 거라 생각하니?」

「생각해봐. 능력 있으면 어디 남 밑에서 일하겠어? 벌써 독립해서 회사를 차렸지.」 머릿속에 세바스찬의 심심한 하루가 그려졌다. 아침에는

커피 한 잔, 출근해서 별을 돌다가 다시 퇴근. 저녁에는 피곤에 쩔어 TV를 보다가 잠이 드는 직장인의 하루. 언덕 쪽에서 세바스찬이 걸어오는 모습이 보였다. 모모가 내 귀에 속삭였다.

「왕자, 상대방에게 갖는 고정관념이 어떤 영향을 주는지 생각해볼래?」

「고정관념?」

시설관리인 세바스찬

「다큰 왕자, 어서 와요.」 세바스찬이 모자를 벗고 웃으면서 맞이했다. 마른 체격이지만 팔뚝은 제법 단단했다. 꾸준히 몸을 움직여서일까.

「안녕하세요.」

「등대 주변을 돌아보고 이제 관리동으로 가는 길이에요. 이곳을 잘 찾았네요.」

「근무 중이셨구나. 이 별에서 주어진 일만 하는 게 지루하지 않으세요?」 그냥 궁금해서 물어본 건데 그의 표정이 굳어졌다. 내가 너무 직진했나?

「음. 지루하다니요? 당황스럽군요. 내가 별을 관리하면서 얼마나 뿌듯한지 모를 텐데. 왕자는 아직도 당신 별에 돌아가지 않았군요.」

아직도라고? 너무 빈정 상하는 말인걸! 얼굴이 화끈 달아올랐다.

「무슨 말씀이에요? 저는 로제를 만나러 가는 중이거든요.」

「자기 별을 내팽개치고 책임감 없이 떠나왔다는 소문을 들었어요.」

이 아저씨 말이 너무 심하시네.

「내팽개친 게 아니고요. 잠시 생각을 정리하면서 경험을 쌓는 중이에요.」

「생각을 정리하는 데 1년이나 걸리나요?」

모모가 무슨 말을 하려 했는지 벌써 알겠다. 우리 사이에는 2.5m의 벽이 생겼다.

나는 빠른 걸음으로 등대 옆 잔디밭 쪽으로 걸어갔다. 그동안 갈등

이 생기면 자리를 피해버렸는데 이번에도 그랬다. 콧김인지 홧김인지 훅훅 새어 나왔다. 눈앞에 나타난 농구대의 모양으로 봐서는 가로등을 개조한 모양이다. 참새가 방앗간을 그냥 지날 수 없지. 얼른 공을 집어 들었다. 모모가 나를 물끄러미 바라봤다.

「괜찮아?」

혼자서 이리저리 드리블하다가 슛을 시도했다. 몸이 덜 풀려서인지 생각만큼 들어가지 않았다. 아니, 마음이 엉켜서 그런 것 같다. 숨을 고

시설관리인 세바스찬

르며 앉을 때도 모모를 쳐다보지 않았다. 갑자기 노래가 생각나서 고래고래 소리를 질렀다.

「덩크슛, 한 번 할 수 있다며언, 내 평생 단 한 번만이라도오~ 왁왁!」

「다큰 왕자, 괜찮냐고.」

「안 괜찮아! 그 양반 뒤끝 작렬이야. 내가 좀 뭐라 했다고 서늘하게 받아치더라고.」 나는 머리 위로 공을 던졌다. 아뿔싸. 농구대에 맞은 공이 코로 떨어지면서 눈물이 핑 돌았다.

으이그~ 지압해 줄게.

야발라바히야 야발라바 히야 ~!

← 삿대질

▷ BGM : 〈덩크슛〉
원곡의 감동은 '이승환'으로, 활기찬 리메이크는
'NCT DREAM'의 노래를 들어보자.

모든 사람에게는 강점과 약점이 있다

어젯밤에는 피로가 쌓였는지 씻지도 않고 잠이 들었다. 창밖에는 새 소리가 들렸지만 뭔가 느낌이 이상했다. 버석거리는 이불 끝을 만지작거리면서 낯선 향기를 감상했다. 헙, 내 핸드폰!

「모모, 내 폰 못 봤어? 어제 분명히 덩크슛 노래를 들었는데.」

내 손에 핸드폰이 없다는 걸 알았을 때 나는 동공까지 흔들렸다. 이런, 숙소 오는 길에 엉덩이를 너무 흔들었나? 바지 주머니에 구멍이 뚫려 있다. 아무리 집 안을 뒤져도 핸드폰은 보이지 않았다.

「아이쿠, 어쩌나. 우리 농구장으로 가보자.」

「나는 핸드폰 없이는 못 살아!」

그때 출근하는 세바스찬이 보였다. 수도승처럼 한 발씩 내딛는 모양 새가 퍽 신중해 보였다. 모모는 사라지면서 윙크를 했다. 인사를 해야 하나, 말아야 하나.

「구, 굿모닝~!」 다행히 치켜든 손이 무안하지 않게 답변이 왔다.

「좋은 아침. 무얼 하고 있나요, 왕자?」

「아~ 그게, 어젯밤에 농구하고 돌아가다가 핸드폰을 잃어버려서 찾 고 있던 중이에요.」

「음… 나와 잠깐 같이 걸어볼래요? 매일 도는 코스라서 길은 잘 알아 요.」 이렇게 어색한 산책이 시작되었다. 그는 별을 돌면서 안전 점검을 하고, 시설을 확인했다.

「주어진 일에 성실하시네요.」 어제처럼 질문했다가는 또 당할 수 있 어서 조심스레 이야기했다.

「왕자, 나는 지금 이 순간에 집중합니다. 남들이 보기에는 사소하고 시시한 일 같지만, 나한테는 잘 어울려요.」 지금 이 순간에 집중한다고?

「그럼 나중에는 뭘 하고 싶은가요? 꿈이 뭐예요?」

「꿈이 뭐냐고요? 지금처럼 순간에 행복하고 감사한 거죠. 꼭 무엇을 이루어야 하나요?」

「그래도 행복이 이렇게 시시하고 심심한 거라면, 저는 사양할게요. 뭔가 근사하고, 대단한 목표를 이루고 싶거든요.」

세바스찬은 벗나무 기둥을 뚫고 나온 새싹을 만지작거렸다.

「왕자, 곧 봄이 올 거예요. 이 연두색 좀 봐요. 겨우내 두꺼운 껍질 속에서 용케 잘 버틴걸요. 요즘은 이렇게 소소한 행복이 좋아요.」 그는 연한 잎의 향기를 맡았다.

소소한 행복 ♡

「저는 크게 성공하고 싶어요. 우주를 여행하다 보면 기회가 오겠지요?」 나는 하늘을 바라보며 말했다.

「왕자처럼 젊었을 때는 멀리 있는 근사한 행복을 찾으러 다니는 것도 필요해요. 왕자는 하고 싶은 게 뭔가요?」 세바스찬은 바위 언덕 사이에 삐져나온 잡초를 뽑으면서 물었다.

「음, 사랑도 하고 싶고, 작곡도 하고 싶어요. 운동도 열심히 하고, 책

쓰기, 여행도 많이 하고 싶어요.」 갑자기 하고 싶은 것들을 떠올려 보니 목소리가 커졌다.

「젊음이 좋군요. 나도 한때는 꿈을 크게 가졌지요. 되도록 멀리서, 잡히지 않는 걸 찾아다녔어요. 지금은 곁에서 찾게 되었지만요.」

파랑새를 말하는 건가. 나도 여기에서 행복하고 싶지만 지금은 아니다. 자꾸만 주머니를 뒤적이며 없는 핸드폰을 만지려고 했다. 이러다가는 헛것도 보이겠어. 모퉁이를 돌아서니 풀숲 너머로 밤새 식식거리던 농구대가 보였다.

「찬찬히 되짚어 보면 행복이 보이죠.」

풀숲을 헤치던 그가 양손을 번쩍 들어 힘을 주니까 팔뚝에 근육이 번갈아 움직였다. 주먹 쥔 그의 오른손으로 눈길이 갔다. 아침 햇살에 반짝이는 저 물체!

「보고 싶었다. 내 핸드폰!」 그만 눈물이 찔끔 났다. 세바스찬이 그런 나를 쳐다보며 씩 웃었다. 내 입에서 존경하는 사람에게만 붙이는 호칭이 나왔다.

「따거!」

찬찬히 되짚어 보면
행복이 보이죠.

따거!

핸드폰

대롱대롱~

* 따거(大哥)는 중국어로 '형님'을 의미합니다.

시설관리인 세바스찬

성공을 위한 적극적인 경청

보고 싶었던 핸드폰을 고이 품고 세바스찬을 따라 걸었다. 주인을 모시고 마실 나가는 하인 같았다. 핸드폰에 담긴 사진과 음악은 보물 1호다. 여행하는 1년 동안 얼마나 공들여서 찍고 모은 건데! 핸드폰을 찾아준 세바스찬을 위해서라면 레드카펫도 깔아줄 수 있다.

「형님, 이곳의 일이 잘 맞으시나봐요.」 눈치를 보며 슬쩍 호칭을 바꿨더니 그가 씩 웃었다.

「보다시피 나는 지식도 없고, 외모도 별 볼 일 없어요. 다른 사람들보다는 성실하게 일하면서 틈틈이 근력을 키우는 요즘이 가장 행복하지요.」

「아유, 형님. 요즘은 바디프로필이 인기잖아요. 저도 바프 찍고 싶었는데, 이렇게 떠도느라….」 나는 떠돌이 신세처럼 느껴져 목소리가 기어들어갔다.

「왕자, 내가 하는 일이 큰 성과는 없지만, 정성을 들이는 이 과정이 좋아요.」

「형님처럼 자기 일에 10년 넘게 정성을 쏟는 사람도 보기 드물어요. 저는 몸이 근질거려서 한두 달도 못 참을 거예요.」

그는 환하게 웃으면서 한 곳을 가리켰다. 운동기구 옆 흙바닥에는 바를 정(正)자가 수두룩했다. 매일 운동할 때마다 바닥에 표시를 했다고 한다.

「이야, 형님은 정말 대단하십니다.」

「다른 왕자는 어떤 강점이 있나요? 내가 보기에는 밝고 에너지가 넘치는데.」

「저요, 꽤 많아요. 새로운 것에 도전하는 걸 좋아해요.」

「오~ 하고 싶은 게 많군요. 젊을 때는 뭐든 도전해봐요.」

「그런데 좀 급해서 행동이 앞서기도 해요.」 나는 머리를 긁적거렸다.

세바스찬은 오늘의 루틴을 위해 바닥에 글자를 지우며 말했다.

「물론 모험심과 실행력도 중요하죠. 나는 성실하고 꾸준한 사람이 오래간다고 생각해요. 이게 우리의 차이점 아닐까요?」

시설관리인 세바스찬

「우리의 차이점이요?」

「내가 주어진 일만 열심히 하는 게 잘못된 건 아니잖아요?」

「그건 그렇지요.」

그는 아쉬움이 담긴 표정으로 내 어깨를 토닥여 주었다.

「나에게 생기를 불어넣어 줘서 고마워요, 왕자.」

「농구가 하고 싶으면 가끔 놀러 와요. 젊은이들을 초대해서 덩크슛도 배우고 싶으니까.」

나는 얼른 음악을 틀어 따라 불렀다.

「덩크슛! 한 번 할 수 있다면. 내 평생 단 한 번만이라도. 얼마나 짜릿한 그 기분을 느낄까.」

그도 이 노래를 알고 있었다.

우리의 떼창이 하늘로 퍼져갔다.

「다큰 왕자, 세바스찬과 말이 통했나 봐. 이야기도 잘 들어주고.」

「이래 봬도 배운 건 실천하는 사람이야.」

「우쭈쭈~. 그래쩌요?」모모는 내 머리를 쓰다듬어 주었다.

더구르르~

「그가 하는 말을 집중해서 들었어. 좋아하는 일을 말할 때는 표정이 변하더라.」나는 오른팔에 알통을 만들면서 그의 흉내를 냈다.

「그래, 그런 자세 좋다. 조금씩 변화를 시도해보자.」

「내가 누구냐! 고정관념으로 만리장성을 쌓던 사람이야.」

「으이그, 자기반성은 또 잘해요.」

모모와 내 핸드폰에 담긴 사진을 함께 봤다. 세바스찬이랑 농구대 앞에서 찍은 것도 있다. 그리고 보니 얼굴이 참 선하다.

「왕자는 누가 시키는 일에 대해 거부감이 있나 봐.」

「음, 그런 거 같아. 혼자 결정하고 추진하면서 자율성을 키우는 게 중요하지 않아?」

시설관리인 세바스찬

「세바스찬은 자율성이 부족해 보일 순 있지만, 자기 일을 할 때는 누구보다 솔선수범하지. 시간 관리도 효과적으로 하고. 쉬는 시간에 운동하는 걸 봐.」 모모는 사진 속 세바스찬의 팔뚝을 가리켰다.

「형님이 일하는 과정에 집중하는 게 인상적이었어.」

「그렇지. 매 순간을 즐기더라. 아까 세운 장벽은 어떻게 되었어?」

「만리장성? 벽돌 30개는 깬 것 같아.」

「오~ 작은 변화가 있었구나.」

「세바스찬과 있으면 편안하긴 하지만, 나에게는 적당한 스릴이 필요해. 뭔가 역동적이고 창의적인 것.」 몸이 근질근질해서 양손을 부르르 떨었다.

나는 항상 이 자리에 있어.

「어우, 나도 운동해야겠어.」 나는 모모를 한 손으로 들었다 놨다 했다. 아령으로 삼기에는 너무 가볍구나.

「왕자에게 맞는 일을 찾게 될 거야.」

모모는 내 어깨에 올라앉았다. 다르면서도 비슷한 나와 세바스찬. 가끔 이 별이 생각나겠지. 저 멀리 별똥별이 지나간다.

다른 왕자의 일기

아무래도 나는 색안경을 쓰고 사람을 보는 것 같다. 세바스찬을 만나기 전에는 그가 시키는 일만 하는 수동적인 사람이라는 고정관념이 있었다. 알고 보니 그는 나에게 없는 좋은 점이 많았다. 그렇지만 내가 누구냐. 내 약점을 기꺼이 받아들이고 인정하는 쿨가이 아닌가. 세상에 완벽한 사람이 어디 있을까.

이 별에서는 모모 말대로 세바스찬이 하는 말을 적극적으로 경청하려고 노력한 것 같다. 표정, 목소리 톤, 호흡이 어떤지 느껴보니까, 생각보다 상대에 대해서 많은 걸 알게 되는 것 같다. 세바스찬과 친해진 것 같아 좋다. 무엇보다 그의 근육은 부러웠다.

모모의 뼈 때리는 조언

프로 루틴러를 만나면 기억하자!

- 상대가 지루하고, 심심할 거라는 편견을 버리자.
- 지금 이 순간에 집중하면 행복하고 감사할 수 있다.
- 그가 하는 일이 큰 성과는 없어 보여도 바라봐주자.

근육은 부럽다모모

세바스찬

40대 / 시설관리 담당   # ISFJ
주어진 일만   # 1인분
잘하는 사람   # 덩크슛

WORD CLOUD

표 사랑 작곡
농구 몸짱 따거 헬스
덩크슛 루틴 행복 파랑새
왕딱지   야발라바히야
여행 카르페 디엠
지금 이 순간 솔선수범 떼창

모모와 다른 왕자

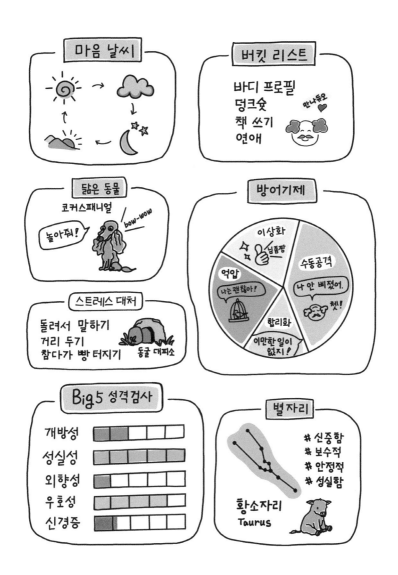

마음 날씨

버킷 리스트

바디 프로필
덩크슛
책 쓰기
연애

만나듀오 ♥

닮은 동물

코커스패니얼

놀아줘!

bow-wow

방어기제

이상화

님뽕짱

수동공격

나 안 삐졌어.

첫!

억압

나는 괜찮아!

합리화

이만한 일이
없지!

스트레스 대처

돌려서 말하기
거리 두기
참다가 빵 터지기

동굴 대피소

Big 5 성격검사

개방성
성실성
외향성
우호성
신경증

별자리

신중함
보수적
안정적
성실함

황소자리
Taurus

시설관리인 세바스찬

chologie relatio
pt personnes des sept couleurs
qui nous apprend
et comprend les autres.

성공한 CEO
알렉사

높은 성취감을 추구하는
완벽주의자를 만난다면

성공한 CEO 알렉사
높은 성취감을 추구하는 완벽주의자를 만난다면

불안이 만들어낸 완벽주의

사업가의 별에 도착했다. 호기심이 많은 나는 알렉사의 디자인 회사가 어떤 곳인지 알아보고 싶었다. 햇빛을 받아 반짝이는 창문에는 고양이 두 마리가 낮잠을 자고 있다. 사무실과 계단 곳곳에 나무들이 있어서 쾌적한 느낌이 들었다.

「모모, 알렉사는 깔끔한 사람인가 봐. 고양이가 있는데도 털이 안 날리네.」

「알렉사는 광고 디자인 쪽에서 성공한 CEO야. 성취를 좋아하는 사람이라고 들었어.」

「음, 1층만 둘러봤는데도 얼마나 깔끔한 사람인지 알겠어.」

「그럴 것 같지? 왕자, 이 별에서도 얻어 가는 게 있으면 좋겠어.」

「그래야겠지.」

「인내심을 가지고 알렉사의 말을 잘 들을 수 있겠니?」

「인내심이라….」

위층에서 내려오는 구두 소리가 들렸다. 또각또각.

「다른 왕자, 어서 오세요. 거기 옆에 손소독제 있어요.」

암요, 소독해야죠. 위생은 중요하니까요.

「알렉사, 공간이 멋지네요.」

검은색 수트를 입고 계단을 내려오는 그녀는 모델처럼 우아했다. 개성 있는 구두에 원석 반지를 낀 게 눈에 들어왔다. 그런데 목은 왜 뻣뻣하게 세우고 내려오는지.

「아, 한 달 전에 목 디스크 수술을 했어요. 늘 새벽까지 일하다 보니 그렇게 되었죠. 이 별에 잠시 들렀다 간다고 전화 주셨죠?」

「네, B314로 가는 길입니다. 여긴 식물도 많고, 향기가 좋네요.」

「사무실에서 식물을 키우면 직장 내 스트레스가 줄어든다고 해요.」

「아하~ 그렇군요.」

「스트레스 호르몬이 혈압을 올라가게 하거든요. 이렇게 배려하는데도 직원들이 자주 바뀌네요.」

어떡하지, 갑자기 내 혈압이 올라가는 것 같다.

「회사 일이 많은가요? 재택이나 유연근무도 가능하지요?」

「업무 특성상 직접 만나 작업할 때가 많아요. 그런데 요즘 젊은 직원들은 퇴근 시간을 1분이라도 넘기면 큰일 나는 줄 알아요.」

「아무래도 퇴근 후에는 개인 시간이 필요하잖아요.」 나는 손가락을 꼼지락거리며 대답했다.

「자기 분야에 전문가가 되려면 밤샘 작업은 기본 아닌가요? 어떻게 딱 1인분만 하려고 하는지 이해가 안 가요. 남들 쉴 때 다 쉬는 사람은 절대 성공 못하죠!」

알렉사가 내뱉는 말들이 마치 지구 별에 있는 에베레스트 산맥처럼 나를 압도했다.

「휴식은 노는 게 아니에요. 멍때리면서 충전도 해야 하고.」

「왕자, 멍때리기가 뇌 건강에 좋다는 건 누구나 알죠. 하지만 성공을 위해서는 지금 당장의 만족을 미룰 수도 있어야 해요.」

알렉사의 반박에 괜히 삐뚤어지고 싶었다.

성공한 CEO 알렉사

「왕자, 자기한테 백퍼센트 꼭 맞는 일이 있다고 생각하나요? 언제나 꿈과 이상만 좇을 순 없어요. 왕자가 여행하면서 새로운 경험을 하고 싶다고 했지만, 혹시 직장을 구할 수 없어서 현실을 도피하는 것 아닌가요?」

아니, 내 약한 부분을 건드리다니! 모모가 말한 인내심은 날아가고 그냥 방어막을 치고 싶었다.

「불확실한 세상에서 살아남으려면 항상 긴장하고 대비해야 해요. 왕자도 정신 차리고 지금부터 노후를 준비해요. 현실에 발을 딛고 돈을 벌어야죠.」 그는 보란 듯이 자신의 전용 비행기 키를 만지작거렸다.

현실적인 기대치를 설정하자

알렉사가 커피를 내리러 간 사이 2층에 올라가 모모를 불러냈다.

「모모, 나 뚜껑 열리는 거 봤지? 알렉사와 같이 일하려면 몸에 참을 인(忍) 자 타투를 많이 새겨야겠어.」

「왕자, 고생했다. 그래도 잘 참고 끝까지 들어주더라.」

씩씩거리는 나를 달래는 생명체. 그래, 이 맛에 참는다.

「완벽주의를 추구하는 사람들은 기대치가 높은 편이야. 자신에게도, 타인에게도.」

「어우, 나는 하루만 같이 있어도 지치겠어.」

「그래도 그 덕분에 여기까지 오지 않았을까?」

주위를 둘러보니 2층 전체에 알렉사가 그동안 받은 수상 트로피와 광고 디자인 작품이 진열되어 있다. 그걸 보고 있자니 아무것도 이루지 못한 채 방황하는 내 처지가 보잘것없게 느껴졌다.

「그렇지. 많은 노력을 한 건 인정! 그런데 저 화려한 시간을 함께하던 이들은 다 어디로 갔을까?」

「함께 일하면서 갈등이 생기니까 못 견디고 떠나갔을 거야. 왕자, 그거 기억해? 모든 사람의 행동에는 이유가 있다는 거?」

「응. 처음에는 알렉사가 왜 이렇게 불안이 높은 사람이 되었을까 생각했지. 그런데 몰아세우는 바람에 다 잊어버렸어. 왜 그렇게 아는 건 많은지.」

「오~, 이해하려고 시도했다는 게 중요해.」

이렇게 또 나를 감싸준다. 심호흡을 한번 하고 왼쪽 팔뚝에 있는 장미 타투를 문질렀다. 로제와 있을 때도 참을 인 자가 필요했지.

「왕자, 알렉사의 지나친 요구나 기대를 잘 막아낼 수 있겠어?」

「방패막? 한번 준비해볼게.」

「알렉사, 유명한 광고상을 많이 받았네요. 뿌듯했겠어요.」

자신을 인정하는 여행자의 말이 좋았을 법도 한데, 그는 꿈쩍도 안 했다.

「사업을 하려면 그 정도는 있어야죠.」 알렉사는 좌우로 목을 움직이면서 말했다.

「아직 몸이 불편하시군요. 수술 후에 누가 돌봐주시는 분이 있나요?」

「그런 거 필요 없어요.」

「아~ 혼자서도 잘하시네요.」

영혼 없이 박수를 치는데, 고양이 한 마리가 꼬리로 내 다리를 쓱 문지르며 지나갔다. 저렇게 깔끔한 사람이 어떻게 고양이를 키우지?

「주치의가 권해서 고양이들을 입양했어요. 아, 신경정신과요.」

그는 고양이들의 그릇에 물을 담아주려고 팔을 뻗었지만 고개를 숙이지 못했다. 얼른 물병을 건네받아 따라주었다.

「고양이를 키우는 사람은 키우지 않는 사람보다 뇌졸중이나 심장질환을 앓을 위험이 33% 정도 낮아진대요. 또 스트레스와 불안도 줄어들고요.」

그가 고양이에게 뽀뽀하려고 하자 고양이는 발바닥으로 정중하게 거부했다. 이 녀석들은 벌써 주인 집사를 적당히 이용하면서 행복하게 사는 법을 터득한 것 같다. 주변 사람들에게도 저렇게 다정하면 도망가지는 않을 텐데.

성공한 CEO 알렉사

「고양이들에게 정성을 쏟으시네요.」

「얘들은 너무 치대지 않아서 좋아요. 그렇지만 콧대가 높아요.」 그는 고양이의 콧등을 문질러 주었다. 그래, 너희들도 주인을 닮았다.

「엄마도 유명 디자이너였어요.」

알렉사는 커피를 마시며 말문을 열었다. 어린 시절부터 완벽하게 못 할 것 같으면 아예 시작하지 않았고, 늘 시간에 쫓기고 실수할까 봐 불안했다고 했다.

「나는 작은 실수도 하면 안 되는 아이였어요. 조금이라도 잘못하면 무섭게 혼내셨죠. 옷이 더럽혀진다고 흙도 만져보지 못하게 했어요.」 그의 목소리가 가늘게 떨렸다. 아, 이런 성장 배경이 있었구나.

「시험 문제를 풀 때는 어땠는지 알아요? 엄마는 즉시 틀린 걸 찾아내어 빨간 펜으로 좍좍 그었어요. 마치 심장을 날카롭게 긁어내리는 소리처럼 들렸죠. 그래서 빨간색을 싫어해요.」

그가 가리키는 주변을 돌아보니 온통 검정과 회색의 조합이었다. 검은 산 위에 고독한 하이에나 한 마리가 서 있는 상상을 했다.

「그래서 이를 악물었죠. 빨리 독립해서 엄마보다 유명한 사람이 되자.」

「음, 엄마가 그런 분이었다면 알렉사의 긴장감이 컸을 것 같아요. 성공해야 한다는 부담감도 크게 느끼고요.」

그는 뭔가 들킨 사람처럼 뜯어 먹은 손톱을 감추며 주먹을 쥐었다.

「능력 있는 CEO라는 건 부러워요. 그런데 어머니처럼 직원들에게

엄격하게 대하는 것 같지 않으세요?」

「나도 병원에 다니고 심리 상담 받으면서 그걸 알아차렸어요. 내려놓으려고 하는데 그게 어디 쉽나요?」

알렉사는 수술 후 여기저기 구인광고를 냈다. 다른 회사보다 두 배 높은 연봉을 불렀지만, 어느 누구도 그의 '당연한 요구'를 만족시키지 못했다. 이곳에서 며칠 근무하다 떠난 사람들의 입소문도 전광석화처럼 빨랐다. 아마 그들도 나처럼 통제할수록 튕겨져 나가는 본성이 있었나 보다.

「다른 왕자, 혹시 광고 디자인 쪽에는 관심이 없나요?」

「음. 저는 아름답고 무용한 것들을 사랑하지만 이쪽은 잘 몰라요. 음악과 관련된 일을 찾고 싶긴 한데 경험이 더 필요해요.」

「광고 디자인과 음악이 얼마나 밀접한 관련이 있는데요. 내가 촉이 좋은 편인데, 왕자가 이쪽 일을 잘할 것 같아요.」

성공한 CEO 알렉사

「그런가요? 헤헤, 제가 좀 다재다능하긴 하죠.」

알렉사의 인정을 받자 슬그머니 마음이 말랑해졌다.

「왕자, 유연근무도 가능합니다. 필요하면 계속 공부하도록 학비를 지원할게요.」

학비 지원까지? 어떡하지. 마음이 흔들린다.

「음… 그런데 저는 아직 제 적성을 찾는 중입니다.」

「적성은 일하면서 찾으면 되지요.」

흠! 내가 능력자라는 것을 증명하고 싶다. 이렇게 상황이 어려워진 사람을 어떻게 모른 체하고 떠난단 말인가. 바로 그때 고양이가 둥그런 종이박스 위에서 발톱을 긁다가 펄쩍 뛰는 바람에 꽃병이 넘어져 깨졌다.

「라떼야! 이리 와! 엄마가 조심하랬지?」 카랑카랑한 목소리에 정신이 번쩍 돌아왔다. 저 120볼트 목소리로 직원들을 쪼아대면 분명 감전되고도 남을 거다.

「저는 제 별에 가서 할 일이 있어요. 아직 거쳐야 할 별들이 남아 있고요.」

이럴 때 해결책은 명확한 의사소통이다.

성공한 CEO 말렉사

채찍이 아닌 따뜻한 목소리가 필요하다

「저는 인정받으려고 애썼던 것 같아요. 왕자 스펙을 쌓을 때도 힘들었지요. 그나마 낙천적이라서 다행이죠.」

「온실에서 자란 금수저인 줄 알았더니, 왕자도 힘든 시기가 있었군요.」

「무슨 말씀. 사실 유리멘탈이에요! 요즘 젊은이들은 SNS로 서로 어떻게 지내는지 다 알거든요. 세상에 멋진 사람들이 너무 많아요. 그 사람들과 저를 자주 비교하게 되어서 밤에 잠을 설치기도 해요.」

「왕자, 나는 예상한 일이 조금이라도 어긋나면 잠을 못 자요. 좀 예민한 성격이긴 하죠.」 알렉사는 뒷목을 손으로 주무르면서 말을 이어갔다.

「알렉사, 센서티브한 사람들이 재능이 많대요.」 바로 아는 척을 했다. 하이센서티브한 사람들이 자신의 장점을 받아들이는 게 관건이지만.

「맞아요. 좀 다재다능하다고나 할까~. 하지만 내가 재수 없다고 사람들이 떠나갈 때마다 얼마나 외로웠겠어요? 주치의한테 하소연하며 울어봤자 맨날 답은 내 안에 있다 하고… 그나마 효과를 본 게 감사일기였어요.」

이 사람을 과로와 외로움에서 버틸 수 있게 한 것이 감사일기였구나.

「알렉사는 어떤 게 감사한가요?」

「음. 고양이들, 회사를 꾸려가는 능력, 가격표 보지 않고 물건을 살

수 있는 돈, 인센스 스틱, 혼자 마시는 커피….」

「오~ 좋네요. 저는 오늘 고독한 하이에나와 대화를 나누게 되어 감사하다고 쓸래요.」

「그 하이에나는 설마 나를 이야기하는 건가요? 좀 약하고 예쁜 동물 없어요?」 그는 콧구멍을 벌름거리면서 팔짱을 꼈다.

「그럼 사막여우…?」

그는 나를 흘겨보다가 사막여우는 마음에 들었는지 곧 미소를 지었다.

「바로 그거예요. 입꼬리만 살짝 올려도 행복해진댔어요.」

「입꼬리요? 그건 처음 듣는 소린데. 근거 있어요?」 억지로 입꼬리를 올리는 그에게 순진함이 느껴졌다.

「여기에 왕자가 취직하면 딱인데.」

알렉사가 고양이들을 부르자 햇빛이 따스하게 스며든 바닥에 누워 있던 초코와 라떼는 배를 뒤로 까면서 갸르릉거렸다. 처음으로 자연스러운 알렉사의 미소를 봤다.

알렉사의 별을 떠나면서 모모에게 물었다.

「모모, 내 인내심 봤지?」

「물론이지. 알렉사에게 천천히 스며들었구나. 잘했어.」

「겉보기에는 갑옷으로 무장했어도 속마음은 은근히 따뜻하더라.」

「서로 길들인 거야.」

그렇지. 길들인다는 말은 언제나 가슴을 간지럽게 하는구나.

「알렉사는 작은 실수도 힘들어하잖아. 그럴 때 채찍보다는 따뜻한 말이 필요해. 성공을 위해 다른 걸 희생한 사람이야.」

하이에나 대신 진주라고 말해줄걸. 껍데기에 갇혀서 꼼짝 못 하는 흑진주.

「앞으로 나아가려면 자신의 나약함을 인정해야 해. 그래야 도움을 받을 수 있어. 왕자, 알렉사는 너 덕분에 마음을 열 수 있었던 거야.」

그래, 나도 내 나약함을 알지. 우리는 고양이를 안고 있는 알렉사에게 손을 흔들었다.

성공한 CEO 알렉사

다른 왕자의 일기 ⭐✨

알렉사는 주변 사람까지 들들 볶아서 좀 힘들었다. 우울이나 불안 같은 감정은 전염된다더니, 알렉사와 있을 때는 덩달아 내 어깨도 뻐근했다. 대표가 저렇게 완벽주의자라면 업무 능력은 높일 수 있겠지만 그래도 너무 숨 막힌다. 나중에 회사를 차린다 해도 저렇게 들들 볶는 대표는 되지 말아야지. 목 디스크가 올 정도로 몰아세우면서 일하는 알렉사가 정말 원하는 건 뭘까? 그럼에도 끈기와 인내력은 배울 만하다.

알렉사처럼 완벽주의자는 자신에게 더 친절해야 하는데, 똑똑한 사람이 왜 그걸 모를까? 내가 우당탕탕 넘어지고 실패해도 괜찮은 건 모모가 있기 때문이다. 그나마 알렉사 곁에 반려 고양이들이 있어서 얼마나 다행인가. 사람에게서 받지 못하는 정을 걔네들이 흠뻑 주고 있으니까.

모모의 뼈 때리는 조언

- 상대는 내가 통제할 수 없는 존재다.
- 강박적인 사람에게는 "실수해도 괜찮아"로 바꿔 말해줘라.
- 워커홀릭 상사나 동료가 힘들게 하면 6초 동안 심호흡을 하자.

멀찍~

이리 와 모모!

움직여 볼까냥♡

성공한 CEO 알렉사

알렉사

30대 / 성공한 CEO #ISTJ
성공을 위해 달려가는 #고양이 집사
완벽주의적인 사람 #센서티브

WORD CLOUD

신뢰도 100%
부지런함
야구장 키스타임
하이에나
항상 강박 열정
센서티브 책임감
완벽주의 디자인
매달리기 충동구매 BLACK
입양 숨숨집
탈모 노후준비 반려동물
목 디스크 라떼
초코

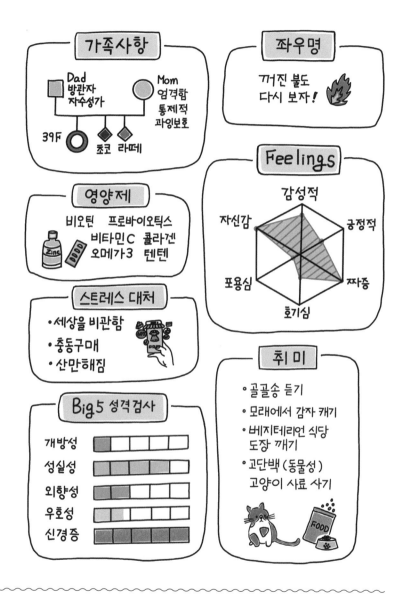

가족사항

Dad
방관자
자수성가

Mom
엄격함
통제적
과잉보호

39F   초코 라떼

좌우명

꺼진 불도
다시 보자!

Feelings

감성적
자신감
긍정적
포용심
짜증
호기심

영양제

비오틴   프로바이오틱스
비타민C   콜라겐
오메가3   텐텐

Zinc

스트레스 대처

• 세상을 비관함
• 충동구매
• 산만해짐

취미

• 골골송 듣기
• 모래에서 감자 캐기
• 베지테리언 식당
  도장 깨기
• 고단백(동물성)
  고양이 사료 사기

FOOD

Big5 성격검사

개방성
성실성
외향성
우호성
신경증

chologie relatio...
...t personnes des sept couleurs
qui nous apprend
et comprend les autres.

귀농한 셰프
포레스트

느림의 미학, 삶의 속도가
다른 사람을 만난다면

귀농한 셰프 포레스트
느림의 미학, 삶의 속도가 다른 사람을 만난다면

나는 KTX, 당신은 동네 자전거

「모모, 큰일 났어!」

「왕자, 무슨 일이야?」

「핸드폰 충전기를 알렉사네 별에 두고 왔어. 남은 배터리가 3%야.」

다시 돌아갈 수도 없고 큰일이다. 머리를 쥐어뜯었다.

「여기에 배터리가 있는지 알아보자.」

생명과도 같은 배터리와 함께 내 에너지 레벨도 내려가는 것 같다.

「포레스트는 조용한 사람이야. 왕자랑 삶의 속도가 다를 수 있어.」

「내 삶의 속도는 지금 급격히 느려지고 있다고!」

「왕자, 몸과 마음이 어떻게 흘러가는 것 같니?」

모모는 허공을 바라보며 뜬금없이 물었다. 뭔 소리야? 불난 집에 부채질하냐. 이럴 때는 한 대 쥐어박고 싶다.

「어려운 질문하지 말고 포레스트가 어떤 사람인지부터 파악하자고!」

모모의 말을 귓등으로 흘리고 북카페에 들어섰다. 오래된 창고를 개조해서 만든 나무 카페 옆에는 화목난로와 장작더미가 있다. 카페 옆 텃밭에서 누가 일하고 있다. 그 손놀림이나 움직임이 필름을 천천히 감은 듯 느렸다.

「저 사람이야. 포레스트 셰프.」

귀농한 셰프 포레스트

「다큰 왕자, 어서 와요.」

포레스트의 목소리는 조용하고 따뜻했다. 하지만 이곳에는 내 핸드폰에 맞는 충전기가 없다. 배터리는 0%. 나의 보물인 핸드폰이 드디어 운명하시었다. 내 몸과 마음은 차디찬 북극에 착륙한 것 같았다. 다음 별에 도착할 때까지는 반강제로 디지털 디톡스를 해야만 한다.

「텃밭에서 함께 음식 재료를 준비해요. 파스타와 새싹 피자를 만들려고요.」

그는 바구니를 들고 천천히 걸었다. 채소를 뜯어 담는 속도도 느렸다. 상추잎과 바질을 뜯으며 추억과 쓸쓸함을 담는 것 같았다.

「왕자, 핸드폰이 안 되니 답답하지요?」 그는 가만히 미소를 지었다.

「네, 이게 쓸쓸한 건지, 화나는 건지 잘 모르겠어요. 자꾸 확인하고 싶은데 못하니까 초조해져요.」 내 마음은 KTX인데, 그는 시골길에 세워둔 자전거 같아서 그냥 흙더미에 털썩 주저앉았다. 당근 줄기를 잡아당겼더니 줄기만 뽑혔다.

「이렇게 아래쪽을 잡고 위로 당겨봐요.」

그가 알려주는 대로 해봤더니 잔뿌리를 잔뜩 매단 주황색 당근이 뽑혔다. 흙을 털어내고 냄새를 맡아봤다. 훅! 하고 콧속을 밀고 들어오는 진한 땅의 기운이 느껴졌다.

「무슨 수도원에 있는 기분이에요.」

「…」

입이 근질거렸지만 꾹 참았다. 두 손을 모아 토마토를 씻었다. 뽀드

득뽀드득. 두 손으로 물을 움켜보니 손가락 사이로 사르르 물이 빠져나간다. 늘 내 손에는 핸드폰이 있었는데. 손가락에서 시원한 감각이 올라온다. 어릴 때 아무 걱정 없이 물가에서 놀던 시절이 있었지. 잔잔한 물소리와 새들의 지저귐, 물 위에 둥둥 떠가는 단풍잎, 가재, 바위에 붙은 초록색 이끼의 축축한 냄새… 핸드폰, 왕자, 핸드폰.

「왕자!」

정신을 차리니 포레스트가 카페 입구에서 나를 부르고 있었다.

당신 곁에 우리가 있어요!
(스마트폰 중독 예방 캠페인)

우두커니

귀농한 셰프 포레스트

「모모, 나는 참을성이 부족한가 봐. 꺼진 핸드폰을 자꾸 만지게 돼.」

「어우~ 왕자한테 생명 같은 존재인걸.」 모모가 나를 보며 웃었다.

「포레스트가 나한테 과정을 즐기고 있냐고 묻더라.」

「어때?」

「나도 그러는 줄 알았어. 그런데 핸드폰을 못 쓰니까 더 불안해. 마음은 자꾸 다음 별로 향하고. 알렉사를 흉보는 게 아니었어.」 나는 힘없이 고개를 저었다.

「불안한 왕자도 괜찮아. 편하게 생각하자.」

「….」

길을 잃었다면 몸부터 돌보자

아니, 이건? 주방 쪽 벽에 붙은 사진들 속에 가수 서태지의 힙한 패션을 따라 한 포레스트가 보였다. 지금은 시골 농부 아저씨처럼 투박한 셰프에게 저렇게 젊은 날이 있었다니! 이 양반은 대체 어떻게 살아온 거지?

「젊었을 때와 지금은 취향이 많이 다르네요.」

「….」

그가 만든 저녁을 먹고 나서 우리는 야외에 있는 화목난로 옆으로 갔다. 잘 익은 군고구마가 우리를 기다리고 있다. 아~ 불꽃! 내가 정말 좋아하는 불멍을 여기서 하다니. 장작을 집어넣으면서 나도 모르게 콧노래를 흥얼거렸다. 포레스트는 잔잔한 첼로 곡을 틀어 주었다. 하늘에는 노을빛이 줄어들고 별이 하나둘 보이기 시작했다.

「음. 분위기 좋은데요.」

오늘은 쉬는 날이라 조용한데, 사람들 속에 있는 포레스트는 어떨지도 궁금했다.

「앱으로 예약한 손님들만 온다면서요?」

「네. 점심 손님만 받아요. 오후에는 가끔 책을 찾는 사람들이 와서 차를 마시죠.」

이 사람, 겸손이 몸에 배어 있는 것 같다.

「언제부터 북카페를 운영했어요?」 나는 카페를 가리키면서 물었다.

「1년쯤 되었나? 호텔에 적응하지 못해서 일을 쉬다가 이사 왔죠. 빠르게 사는 사람들의 속도에 나를 맞추기 힘들더군요. 이렇게 조용한 곳에서 내가 할 수 있는 만큼, 나만의 속도로 사니 편합니다.」

「아~ 외롭지는 않으신가요?」

「음… 외톨이 바이러스에 감염되었는데 멀쩡하네요.」

「헙! 전염성이 강하다는 그 바이러스.」

그는 싱겁게 농담을 받아치는 나를 보며 슬며시 웃었다.

「텃밭에서 기른 채소로 공들여 만들었더니 여기저기서 오더군요. 그래서 하루 예약 손님을 20명으로 정해버렸어요.」

흐미! 그러면 인기가 더 높아질 텐데. 습관처럼 검색하려고 핸드폰을 찾았으나 텅 빈 내 주머니.

「저는 별을 여행하고 있어요. 사람도 만나고, 내가 무얼 좋아하는지 찾고요.」

「나를 찾아 떠나는 여행이군요.」

「맞아요. 그동안은 저한테 집중하지 못했던 것 같아요. 언제나 안테나가 외부로 향해 있는 것 같아요.」

「….」

「새로운 걸 배우는 건 좋아해요. 그런데 솔직히 부담스러워요. 이전보다 더 괜찮게 변해야 한다는 부담감? 이번 여행이 끝나면 새로운 사람으로 업그레이드해야 할 것 같기도 하고요.」

「음, 꼭 변하고 성장해야 하나요?」

「모르겠어요. 길을 잃은 것 같아요.」 휴~. 나는 긴 한숨을 쉬었다.

「그 기분 저도 좀 알아요.」

우리는 음악을 들으며 차를 마셨다. 부드럽고 뭉툭한 도자기 컵이 손에 부드럽게 감겼다.

「나는 관계를 실패한 적이 있어요. 애인의 요구가 너무 지나쳐서 버거웠어요. 대화로 풀지 못하고 그냥 피했는데… 그때도 길을 잃고 방황했어요.」

「….」

손바닥으로 컵의 온기를 느끼면서 그를 바라봤다.

「포레스트, 저는 어디로 가야 하는지 방향을 못 잡겠어요.」

그는 마시던 차를 내려놓으며 대답했다.

「길을 잃었을 때는 몸부터 챙겨야 해요.」

「….」

「잘 먹고, 잘 자고, 잘 걸으면 대부분 회복되거든요.」

「아~, 일상의 균형을 챙기라는 거군요.」

「….」

우리는 별이 뜨는 쪽을 바라봤다. 첼로 곡이 장작 타는 소리와 잘 어울렸다. 타닥타닥.

「사람은 누구나 자연 회복력이 있어요. 관계도 그럴 겁니다. 어디로 흘러가는지 지켜보세요. 인연이라면 다시 이어지겠지요.」

포레스트의 얼굴에 노을이 물들었다. 내 속도를 늦추었더니 말수가 적은 사람과도 교감할 수 있구나.

감정은 내 인생의 나침반

「내일 새벽에 물안개를 보러 가기로 했어.」 잠들기 전에 모모를 불렀다.

「오, 출발을 늦췄구나. 핸드폰을 충전하고 싶을 텐데 어떻게 참았어?」

「뭐 그냥, 이런 속도도 괜찮네. 한 번쯤 필요한 시간인 것 같아.」

「그래. 이런 시간을 가져보는 것도 좋을 거야.」

나는 꺼진 핸드폰을 베개 곁에 두고 오랜만에 깊은 잠을 잤다.

귀농한 셰프 포레스트

새벽 5시. 떠지지 않는 눈을 비비며 포레스트를 따라나섰다. 해 뜨기 전 기온은 제법 쌀쌀해서 목도리를 빙빙 돌렸다. 그는 챙겨온 담요를 말없이 내밀었다.

「….」

얼마 동안 걸어가니 산과 강의 윤곽이 서서히 보이기 시작했다. 강기슭으로 뿌연 물안개가 잔뜩 끼어 있다. 우리는 둔덕에 앉아 뜨거운 커피를 마시면서 해 뜨기를 기다렸다. 축축한 새벽 공기와 커피 향이 잘 어울렸다.

「사진을 찍지 않고 이렇게 자연을 오래 바라보긴 처음입니다.」

「….」

물안개를 뚫고 햇빛이 퍼져나갔다. 어디선가 날아온 청둥오리들이 줄을 지어 나는 연습을 했다. 쟤들은 어디서 잠을 잤을까.

「다큰 왕자는 일기를 쓰나요?」

「일기요? 네, 감사일기 정도는 써요.」 사실 매일 쓰는 건 아니다. SNS에 올려서 '좋아요'를 받으려고 억지로 쓴 적이 많다.

「지금 이 순간 어떤 단어가 떠오르나요?」

지금 이 순간이라. 새들이 V자로 날아가다가 다시 흩어진다. 대열에서 떨어져 나간 한 마리가 열심히 따라간다.

「청둥오리, 새벽안개, 담요.」

「음….」

「고요하다, 깨어 있다, 편안하다.」

안개가 고요히 걷히고, 커다란 산 그림자가 드리워졌다.

「'연결되다'라는 말도 생각나네요. 지금 이 순간, 자연과 우리가 연결
되어 있어요.」

포레스트는 자신이 던진 말이 멋쩍은 듯 미소를 지었다. 말하지 않으면 모른다고 외쳤던 나다. 표현하지 않는 속을 다른 사람이 어찌 아느냐고 따졌다. 속도가 빠른 나로서는 기다림이 힘들었다. 그런데 나는 이 새벽에 낯선 사람의 세계에 발을 들여놓았다. 그가 가져온 담요를 덮고, 그가 로스팅 한 커피를 마시면서, 그가 늘 서성이는 자리에서 물안개를 바라봤다. 이 별 저 별 떠도는 내 처지가 서글펐다. 언제쯤 나의 안식처에 머물 수 있을까.

「왕자, 마음이 좀 어때요?」

「음… 서글퍼요. 젊은 시절을 방황하면서 보내는 것 같아서요.」

「서글픈 감정을 잘 따라가 보세요. 왕자가 어디로 가야 하는지 안내해줄 나침반이 되어줄 거예요.」

「포레스트는 그런 걸 어디서 배웠어요? 무슨 학원 다닌 거 아니에요?」

「흠, 아프게 배웠지요.」

나는 콧물을 닦으면서 그를 쳐다봤다.

「감정 표현을 잘 못해서 사랑하는 사람을 늘 힘들게 했어요. 카밀라가 원하는 건 자신이 중요한 사람이라는 확신이었는데, 그때는 몰랐어요. 아, 카밀라는 내가 사귀었던 사람이에요. 그녀에게는 술이라도 들어가야 조금 표현하는 정도였어요. 인내심이 바닥난 그는 떠나버렸어요.」

그런 사연이 있었구나. 나도 갈등이 생기면 상대방이 떠날까 봐 말을 못 했는데.

「말하는 건 어렵지만 쓰는 건 할 수 있겠더라고요. 일기를 쓰면서 원망했다가 사과하고, 분노했다가 슬퍼했지요. 하루에도 몇 번씩 감정 롤러코스터를 탔어요.」

내 이럴 줄 알았어! 포레스트는 내면이 시끄러울 거라 했지.

「계절이 몇 번 지났던가. 그렇게 바닥을 치고 나니 이제는 일어나 볼까 하는 생각이 들었어요. 커튼을 걷어내고 창문을 열었는데, 그때 새 소리가 들렸어요.」

「음. 일기 쓰기가 마음 정리에 도움이 되셨나 봐요.」

귀농한 셰프 모레스트

「맞아요. 글을 쓰다 보니 내가 무엇에 반응하는지를 알겠더라고요.」

「….」

「왕자의 서글픔도 뭔가 전하려는 메시지가 있을 겁니다.」

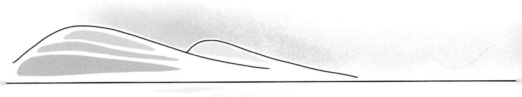

해는 벌써 산 위로 올라갔다. 안개 걷힌 강물 위에는 비행을 마친 청둥오리 떼가 둥둥 떠서 물살에 몸을 맡기고 있다.

「어떤 메시지가 있을까요?…」

「….」

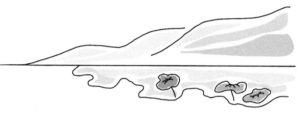

다큰 왕자의 일기

느리게 사는 삶도 생각보다 괜찮았다. 한 번쯤은 핸드폰 없이 생활하려고 했는데 이 별에서 경험하게 될 줄이야. 물멍, 불멍하면서 뇌를 쉬게 하면 건강에 좋다는 이야기는 들었다. 이곳에서 조용한 시간을 보내면서 나에게 집중할 수 있었다. 여행하면서 스쳐 지나간 생각들, 사서 하는 고생, 그리고 내 마음도 돌볼 수 있었다.

포레스트를 보니 잘 먹고, 잘 자고, 자연에서 쉬는 게 얼마나 중요한지도 알 수 있었다. 이렇게 일기를 쓰면서 감정을 돌보고, 감사를 느끼는 게 루틴이 되면 좋겠다. 이 별은 또 오고 싶다. 그때는 며칠 푹 쉬면서 디지털 디톡스를 해야겠다.

모모의 뼈 때리는 조언

삶의 속도가 다른 사람을 만나면 기억하자!

- 서로의 존중과 이해만이 관계를 풍성하게 해준다.
- 자존감이 높은 사람들은 자신의 감정을 잘 알아차리고 이름을 잘 붙인다.
- 먼저 나의 속도를 점검해라. 시속 300km인지, 20km인지?

잠시 쉬었다
가자모모!

타닥~

포레스트

50대 / 귀농한 셰프   #INFP
삶의 속도가   #멍때리기
다른 사람   #프로 공감러

WORD CLOUD

바흐

외톨이 바이러스

새벽 안개   자전거   뭉크   도자기

군고구마   멍때리기   감사일기

파스타   불멍   노을

자연회복력

서태지와 아이들   지금 이 순간

콩콩팔팔   필름카메라

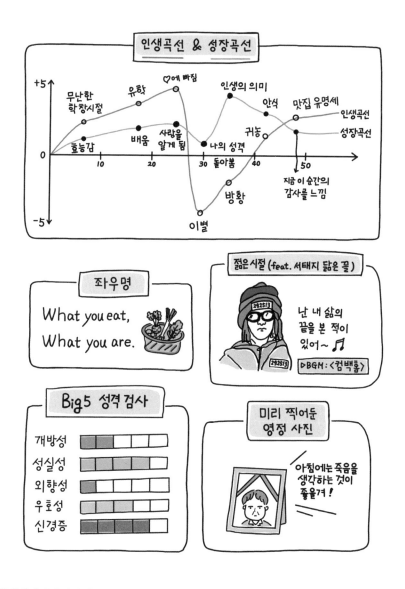

인생곡선 & 성장곡선

+5
- 무난한 학창시절
- 효능감
- 유학
- ♡에 빠짐
- 배움
- 사랑을 알게 됨
- 나의 성격
- 돌아봄
- 인생의 의미
- 안석
- 귀농
- 맛집 유명세
- 인생곡선
- 성장곡선

10　20　30　40　50

0

- 이별
- 방황
- 지금 이 순간의 감사를 느낌

-5

좌우명

What you eat,
What you are.

젊은 시절 (feat. 서태지 닮은 꼴)

난 내 삶의
끝을 본 적이
있어~ ♬

▷BGM:〈컴백홈〉

Big5 성격 검사

- 개방성
- 성실성
- 외향성
- 우호성
- 신경증

미리 찍어둔 영정 사진

아침에는 죽음을
생각하는 것이
좋을겨!

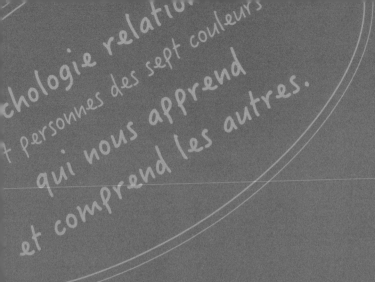

chologie relatio...

t personnes des sept couleurs

qui nous apprend

et comprend les autres.

유튜버 개스톤

인정 욕구로 인한
허영심 많은 사람을 만난다면

유튜버 개스톤

인정 욕구로 인한 허영심 많은 사람을 만난다면

사람은 누구나 인정받고 싶어 한다

유튜버 개스톤의 별에 왔다. 그는 최신 트렌드에 맞춰 살아가는 자신의 일상을 SNS에 공유하고 있다. 화려한 복장에 유머러스한 입담으로 많은 시청자를 모았고, 작은 쇼핑몰 회사까지 차렸다.

「아휴, 개스톤과 말이 잘 통할라나 모르겠다.」 나는 한숨을 쉬었다.

「왕자, 그 사람이 좀 신경 쓰이니?」

「영상을 보니 내 또래 취향을 잘 아는 것 같기는 해. 그래도 사람들에게 인정받으려고 너무 애쓰잖아. 유치해.」

「음…」

모모는 나를 빤히 쳐다봤다. 최신 트렌드에 민감하고, 유행이라면 뭐든 따라 하려는 내 모습이 그대로 보이는 것 같아서 얼굴이 빨갛게

달아올랐다. 흠흠.

「왕자, 개스톤의 저런 모습이 어떤 것 같아?」

「음~, 싫지는 않아.」

「내가 보기에는 개스톤과 왕자가 무척 비슷해.」

「음… 인정!」 나는 두 손을 모으고 겸손하게 대답했다.

「오케이! 그러면 더 잘 이해할 수 있겠네. 인정 욕구가 높은 사람은 자신의 존재를 확인하려고 끊임없이 타인의 관심을 받으려 해. 나는 다른 큰 왕자가 개스톤에게 너무 영향을 받지 않으면 좋겠어.」

「휘둘리지 말자. 휘둘리지 말자.」 나는 동그라미를 그리며 주문을 외우다가 건물 바깥에 쌓인 박스에 발이 걸렸다. 무슨 박스가 이렇게 많아? 재활용품 분리수거함에는 가습기, 화장품, 와플기 박스들이 마구 뒤엉켜 있었다. 혼자 사는데 이렇게 많은 걸 산 거야? 나는 고개를 저으면서 모모를 바라봤다.

「왕자, 행운을 빌어!」

상대의 드라마에 휘둘리지 말자

개스톤은 사무실에서 대형 모니터를 앞에 두고 라이브 방송을 하고 있었다. 모니터 앞에만 무대처럼 꾸며놓고, 보이지 않는 부분은 창고처럼 어질러져 있다. 침대, 세탁기, 건조기까지 대책 없이 들여놓은 이 사람은 혹시 저장장애가 아닐까? 내가 들어서자 윙크를 하며 가까이 오라고 손짓을 했다.

「잠시만요.」

일단 핸드폰 충전이 급하다. 개스톤에게 눈짓을 하며 고속 충전기를 집어 들었다. 휴, 배터리 충전이 시작되니 행복지수가 올라갔다.

「여러분, 환영해주세요. 재주 많고 유쾌한 다큰 왕자가 왔습니다. 오늘은 둘이 함께 로봇 청소기의 사용 후기를 올리면 되겠네요.」 그는 어안이 벙벙해서 모니터를 바라보는 내 어깨를 툭 쳤다.

「안녕하세요. 새로운 인생 경험을 하고자 개스톤의 별에 온 다큰 왕자입니다.」

「여러분, 푸처핸접!」

정신없이 그의 진행에 장단을 맞추었다. 구독자들의 반응이 뜨거워지자 개스톤은 검정 모자를 집어 들었다. 자기가 가수 지코가 된 것처럼 어깨춤을 추었다. 그러면서 나한테도 윙크를 했다. 이게 웬일이란 말인가. 나는 알 수 없는 우주의 기운에 이끌려 노래를 불렀다.

「아무 노래나 일단 틀어. 아무거나 신나는 걸로!」

댓글 창은 그야말로 난리가 났다. 우리는 같은 부류였단 말인가.

유튜버 개스톤

「여러분, 다큰 왕자도 추천하는 한성 로봇 청소기! 문턱이 있으면 두 발을 살짝 들어 올려 건너갑니다. 혼자 사는 분들을 위한 필수템! 지금 당장 주문하세요!」

흥에 겨운 개스톤은 로봇 청소기가 잘 돌아다니는 것을 보여주려고 카메라 각도를 움직였다. 그의 지저분한 공간이 카메라에 찍히는 것도 모르고 방송을 진행했다. 그의 등을 툭 치며 말렸지만 이미 엎질러진 물이었다.

「헙! 그게 아니고요.」 댓글 창을 바라보는 개스톤은 사색이 되어 주 저앉았다. 그러더니 갑자기 사무실에서 뛰쳐나갔다.

「모모, 개스톤 어떡하냐. 정신 나간 사람처럼 뛰쳐나갔어.」

「왕자, 언젠가는 벌어질 일이었는지 몰라. 개스톤이 초심을 잃은 건

| 인기순 | 최신순 |

Ⓡ @ser_ 쓰레기창고 재질 아님? ㅋㅋㅋㅋ

Ⓑ Prince 헤엑 돌아이 아니야? 집이 왜 저럼!

Ⓙ 내가 알던 개스톤은 어디로? 초심 행방불명

Ⓨ 진심으로 써본 제품만 소개하더니
협찬을 받냐?

Ⓜ 뭐임? 카메라 앞에만 무대였나? 헐!

Ⓚ 이제 K-셀럽도 한물 갔구나.
"K-창고"로 개명해라. ㅋㅋㅋ

Ⓡ 트럭시위 해야겠군. 동참하실분!

Ⓡ 친환경 에코 외치더니 너네 집은 쓰레기장

사실이니까.」 모모는 심각한 표정으로 사무실을 돌아봤다. 어떻게 이 지경이 되었을까. 벽에 걸린 첫 방송 기념사진을 보니 개스톤이 칫솔 살균기를 들고 있었다.

「개스톤이 처음 방송을 시작할 때는 작은 제품으로 시작했구나. 자기가 써보고 좋으니까 이런 걸 올리면 누군가에게 도움이 될 거라 생각했겠지.」

「처음 마음은 참 좋았는데 말야.」

우리는 악플이 올라오는 모니터를 바라보며 한숨을 쉬었다. 썰물처럼 빠져나가는 구독자들. 그때 개스톤이 씩씩거리며 들어왔다.

내가 어떤 방어기제를 쓰는지 파악하자

「왕자, 아까 방송 찍을 때 당신이 로봇 청소기를 바닥에 내려놓았죠? 내가 가만히 들고만 있으라고 했잖아요.」

이건 그 유명한 '남 탓' 방어기제. 나에게 지금 선전포고 한 거지? 전쟁이닷!

「바닥 청소하는 걸 보여줘야 했잖아요? 카메라를 옮긴 건 당신이에요.」

「아니, 무대 밖으로 벗어나지 않게 당신이 좀 막았어야죠. 옆에서 뭐하고 있었어요?」

우리는 서로를 당신으로 부르며 식식거렸다. 종로에서 뺨 맞고, 한강에서 화풀이하는 사람이라니! 책임을 남한테 뒤집어씌우는 인성 쓰레기.

「개스톤, 내가 K-셀럽의 대를 이을 유튜버라며 비행기 태웠잖아요?」

내 목소리에 기세가 눌렸는지 그는 소파에 털썩 주저앉았다. 허리를 구부리고 앉아 다리를 떠는 모습이 마치 고슴도치 같았다. 안 되겠군. 적절한 무기로 대응해야겠다. 그가 안 보는 사이에 옆에 놓인 자전거를 슬쩍 걷어찼다. 다음은 심호흡을 하고, 작은 목소리로 설득하기 작전.

「이것 봐요. 누가 봐도 이곳은 잡동사니 창고예요. 촬영장 주변만 깨끗하잖아요. 처음에도 이랬나요?」 나는 양손을 고이 모아 벽에 있는 사진을 가리켰다. 액자 안에는 청년 개스톤이 칫솔 살균기를 들고 엄지척을 하고 있었다. 그는 사진을 빤히 바라보면서 손톱을 물어뜯더니 퉤

뽑고는 말없이 박스를 정리했다.

「같은 물건을 회사별로 세 개씩이나 샀어요?」

그는 헛기침을 하더니 자기 키보다 높이 박스를 쌓아서 들고 나갔다. 그의 황당한 행동에 고개를 설레설레 저었다.

「모모, 저 뻔뻔한 표정 봤지?」

「왕자, 개스톤에게 '좋아요'를 눌러주는 구독자는 삶의 활력소였을 거야.」

「사람들이 '좋아요'만 누르는 줄 알아? 욕도 하지.」 나는 어깨를 들썩이며 숨을 쉬었다. 모모가 내 입을 틀어막았지만 분이 안 풀려 계속 중얼거렸다.

「모모, 개스톤이 내 탓 하는 거 못 봤어?」

「개스톤은 순간 당황해서 방어하느라 남 탓을 했을 거야.」

이럴 때 모모의 마음은 거대한 우주처럼 넓다.

「구독자들이 호응해주니까 왕자도 '아무 노래 챌린지'를 열심히 하더라. 둘 다 물 만난 고기처럼 신났던데. 인정 욕구는 가득 채웠지?」

순간 내 얼굴이 빨개졌다. 거대한 우주는 무슨 개뿔!

「왕자, 비법 하나 알려줄게.」

나는 시큰둥한 얼굴로 모모를 째려봤다.

「미운 놈 떡 하나 더 주기! 상대방이 마음에 안 들더라도 그 사람의 긍정적인 면에 집중하면 괜찮게 보인데.」

「흠. 굳이 개스톤의 긍정적인 면을 찾아야 해?」

「관계를 이어 나갈 사이라면 이런 시도도 할 수 있다, 이거지.」

아무 노래, 아무 노래. 아까는 분명히 뭐에 홀렸던 거다.

미운 놈 떡 하나 더 주자

밖에서 들어온 개스톤이 커튼을 걷고 촬영장 조명을 껐다. 자연광이 비치자 가구와 가전제품들이 삭막하고 초라해 보였다. 그는 뿌셔뿌셔 몇 봉지를 가져왔다.

「나는 스트레스 받으면 이걸 먹어요.」

그는 봉지를 주먹으로 몇 번 내리치고는 수프를 넣었다. 흥, 나도 기세에 눌리지 않으려고 힘껏 내리쳤다. 봉지가 터져서 여기저기 파편이 날아갔다.

「수프는 반 봉지만!」

우리는 와그작와그작 소리를 내면서 게걸스럽게 두 봉지씩 먹어 치웠다. 개스톤은 커피도 내려왔다. 둘 다 컵에 담긴 얼음을 저으면서 침묵했다. 달그락달그락.

유튜버 개스톤

「다큰 왕자, 아까 짜증 내서 미안했어요. 너무 당황스러워서 그만….」

갑자기 숙이고 들어오니 준비해둔 박격포는 일단 집어 넣었다.

「2년 전, 처음 영상을 올릴 때였어요.」 그는 액자 속 사진을 가리켰다.

「해맑은 표정이네요.」 나는 어떤 무기를 골라 반격할까 머리를 굴리고 있었다.

「놀이처럼 올린 영상에 댓글이 달리고 반응이 좋았어요. 쇼핑할 시간을 줄여줘서 고맙다고, 어쩌면 그렇게 안목이 좋냐고.」

「음….」

「그때부터 혼자 사는 사람들에게 필요한 물건을 사용해본 후기를 계속 업로드했죠. 커피 머신, 물걸레, 핸디 청소기, 드라이어. 팬들의 반응이 좋아지자 가구까지 사기 시작했어요. 밥을 안 먹어도 배가 불렀어요.」

「엄청 신났겠네요.」 나는 컵에 남은 얼음을 빨대로 굴리며 영혼 없는 멘트를 날렸다. 튀어 나간 뿌셔뿌셔 부스러기를 마저 집어삼켰다.

「돈이 없어서 비싼 물건은 못 샀는데, 시간이 지나면서 규모가 커졌어요. 꾸준히 영상을 올리다 보니 팬들이 채널 이름도 지어줬어요. 'K-셀럽'이라고. 세상을 다 얻은 기분 아세요?」

「흠….」

세상을 다 얻은 기분. 그런 시절이 있었던가. 핸드폰을 열어 비공개 프사를 봤다. 내 별 의자에서 찍은 별똥별과 노을 사진을 가만히 넘겨봤다.

세상을 다 얻은 기분을
언제 느껴 봤을까?

「광고가 들어오고 협찬이 생기면서 여러 회사 제품을 비교하기 시작했어요.」

그때부터 욕심이 생겼군. 사진 속에서 팬들과 함께 꽃다발을 들고 웃는 그는 충분히 이 구역 셀럽이었다.

「남을 돕고 싶은 마음으로 시작한 거군요.」

「맞아요, 왕자! 그렇게 말해주니 고맙네요.」 그의 눈동자는 금방이라도 눈물이 고일 것처럼 빨개졌다. 고개를 돌리는 그를 모른 척해 주었다.

「팬들이 개스톤을 좋아하는 이유가 뭐였을까요?」

그는 한참 생각하더니 입을 열었다.

「나는 좋은 것만 골라서 그 제품의 장단점을 정리해서 알려주었어요. 아무리 비싼 물건이라도 내 마음에 들지 않으면 별 다섯 개를 안 주었고요. 판단은 구독자들이 더 잘했어요.」

「그거예요. 사람들은 개스톤의 진정성을 더 좋아했던 거예요. 그런데 지금은 어떤가요?」

「….」

그는 핸드폰에 담긴 사진을 넘기고 있다. 팬미팅에서 활짝 웃는 모습이 보였다.

「개스톤, 사람들의 반응이 없으면 어떤가요?」

「처음에는 '좋아요'를 누르지 않아도 괜찮았어요. 그런데 팬들의 뜨거운 관심이 너무 달콤했어요.」 개스톤은 꺼진 모니터를 보면서 머리를 잡고 흔들었다.

「제품보다 자신의 정체성을 잃지 않는 게 중요하지 않나요?」 이렇게 말해놓고도 뜨끔했다. 남한테는 참 쉽게도 말하는구나.

「아, 내가 여기까지 어떻게 왔는데. 나는 사랑받고 싶다고요!」

고개를 숙인 개스톤이 좀 측은해 보였다. 그에게는 시간이 필요하겠구나.

「이렇게 지저분한 곳에서 행복한가요? 입주청소팀이라도 불러요.」

아무리 내가 돌직구를 잘 날려도 차마 돼지우리라고 할 수는 없었다. 그는 땅이 꺼질 만큼 한숨을 쉬었다.

「개스톤, 사실 나도 응원 댓글이 달릴 때는 딴 세상에 있는 것 같았어요.」

「맞아요, 왕자. 인정받고 싶었어요.」 그는 고개를 끄덕였다.

「하지만 다른 사람들의 인정은 한계가 있어요. 자기들 마음에 안 들면 썰물처럼 빠져나가잖아요.」

「….」

「새롭게 다시 시작하면 어때요? 나는 개스톤의 초창기 영상이 더 좋아요.」

「….」

개스톤은 크로마키 천 앞에 서서 꺼진 모니터를 가만히 바라봤다. 그의 얼굴은 〈하울의 움직이는 성〉에서 90세 할머니가 된 소피처럼 어두웠다. 과연 그는 자신감과 용기를 찾아 마법을 풀 수 있을까?

유튜버 개스톤

다른 왕자의 일기

개스톤이 나한테 화풀이할 때 잘 참아서 다행이다. 그가 잘못을 솔직하게 인정하지 않았다면 이번 만남은 끝이었겠지. 잘나가는 셀럽이라도 순식간에 추락하는 걸 보면서 초심을 지키는 게 중요하다는 걸 깨달았다.

흥이 넘치고 재치 있는 개스톤은 나랑 닮은 점이 많았다. 내가 인터넷 방송을 했어도 팬들을 의식했을 것 같다. 그가 다시 예전처럼 활력을 찾기를! 사실 다른 사람에게 기대하는 것보다 내가 나를 인정해야 씩씩하게 살 수 있지 않을까.

모모의 뼈 때리는 조언

허영심 많은 사람을 만나면 기억하자!

- 사람은 누구나 산소처럼 꼭 필요한 존재로 인정받고 싶어 한다.
- 불편한 동료가 있다면 상대방의 괜찮은 점 3가지를 찾아봐라.
- 끌리는 사람이 되고 싶은가? 먼저 외모를 가꾸고 다정한 사람이 되어라.

너는 충분히
괜찮다모모!

웅~

K-셀럽

개스톤

20대 / 유튜버 # ESFP

자신에게 몰두하는 # 인정 욕구
허영심 많은 사람 # 이너뷰티

WORD CLOUD

라방 K-셀럽
로봇청소기 남 탓 트렌드 지교
협찬 푸처핸접 수정플리스 건조기
트럭시위 빠니보틀 님 좀 짱
띠빱이 크로마키 천 뿌셔뿌셔
저장장애 생활변화관촉소
시네마운틴

기질 & 성격

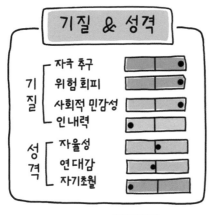

기질
- 자극 추구
- 위험 회피
- 사회적 민감성
- 인내력

성격
- 자율성
- 연대감
- 자기초월

필수템

프로바이오틱스
건조기
텀블러
비타민 C
SUN 크림
필름 카메라

좋아하는 말

써봐야 안다.
분위기 다운되면 다시 온다.
왼손이 한 일을 오른손이 알게 하자.

방어기제

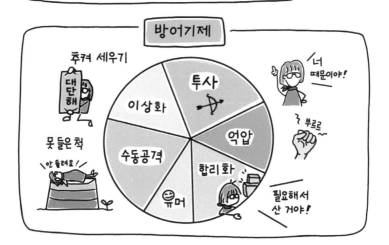

추켜 세우기
대단해

이상화

투사

못 들은 척
안 들려요!

수동공격

억압
너 때문이야!

부르르

합리화
필요해서 산 거야!

유머

chologie relati...
pt personnes des sept couleurs
qui nous apprend
et comprend les autres.

벼락부자 건물주
토르

관계를 힘의 대결로 보는
권위적인 사람을 만난다면

벼락부자 건물주 토르

관계를 힘의 대결로 보는 권위적인 사람을 만난다면

우월감은 곧 열등감이다

「모모, 토르처럼 운 좋은 사람이 몇이나 될까? 자기 집 마당에서 세계적으로 희귀한 레드 다이아몬드가 발견되다니.」

「그러게 말야. 덕분에 이렇게 으리으리한 복합문화센터를 짓게 되었잖아.」

「유명 건축가의 설계로 지었대. 겁나 부럽다.」

우리는 침을 흘리며 오페라하우스 같은 토르 빌딩을 바라봤다. 예술가라면 누구나 한 번쯤 오르고 싶어 하는 꿈의 무대. 올해 공연들은 이미 예약 완료되었고, 티켓팅도 하늘에 별 따기라고 들었다.

「왕자, 토르가 사람들 사이에서 버럭이로 소문 난 것 알고 있지? 누가 자기를 무시할까 봐 엄청 신경 쓴대.」

「응. 나라면 천사의 마음씨를 가진 부자가 되었을 거야. 하늘도 무심하시지.」

「버럭이가 내뿜는 불길에 대지 않게 조심해.」 모모는 내 등을 톡톡 다독였다.

「그래. 이쪽 분야 일도 궁금했으니 한번 참아볼게.」

휘황찬란~

벨벳 가운을 입은 토르는 손을 들어 나를 맞이했다. B314로 가기 전에 거쳐야 하는 별이기도 했지만, 그가 하는 일이 궁금해서 어렵게 미팅을 잡아두었다.

「어서 오시게. 다큰 왕자.」

말로만 듣던 천둥소리. 이 사람 앞에서는 작은 실수도 하면 안 될 것 같아서 심장이 벌렁거렸다.

「유명하신 분이라 꼭 뵙고 싶었어요. 저도 예술을 사랑합니다.」

또렷한 눈매만큼이나 튀어나온 팔뚝의 힘줄은 수확을 앞둔 고구마처럼 보였다. 명품 티셔츠에 금목걸이와 시계를 두른 그야말로 '명품 고구마의 탄생'이었다.

「다른 별에도 공연장이 있는데 굳이 나를 만나러 온 이유는 뭔가요? 하긴 이만큼 완벽한 음향 시스템과 훌륭한 객석을 갖춘 곳은 없으니까! 왕자는 어떤 분야를 좋아하지요?」

「클래식부터 힙합까지 두루 듣고 있어요.」

콧대 높게 나를 내려다보는 토르를 보니 면접관 앞에 선 수험생처럼 척추뼈 사이사이가 찌릿찌릿했다. 너무 긴장했는지 배가 싸르르 아프다. 토…르… 화장실 좀.

간신히 수습하고 1층 로비로 돌아왔더니 그는 누군가와 통화를 하고 있다. 감정이 실린 목소리가 점점 커지더니 창문을 뚫고 나갈 기세다.

「총무님이 언제부터 나를 형님이라 불렀죠? 필요할 때만 찾지 마세요! 일 없습니다.」

몇 번 이름을 불렀는데 못 들었나? 토르의 눈앞에서 손을 흔들었더니 그제야 앉으라는 신호를 보냈다.

「그래, 벌써 영역 표시를 했구만. 여기가 마음에 드는 모양이에요.」

왈왈! 토르의 한마디에 나는 떠돌이 강아지로 종이 바뀌었다. 언짢은 마음을 가다듬고 토르에게 물었다. 「그런데 무슨 일 있으신가요?」

토르는 빨개진 얼굴을 양손으로 부치며 말했다.

토르와 아이들

「지인들과 골프 동호회를 만들었는데, 내가 지은 이름이 마음에 안 든다고 하네요. 식사, 골프 장비, 유니폼까지 모두 내가 후원하는데 말이죠.」

「아~. 동호회 이름이 뭐였나요?」

「토르와 아이들!」

아이고, 내가 못 살아. 이 사람 급성 관종 바이러스에 감염된 건 아닐까.

「고졸이라고 다들 나를 무시하는데, 아무리 좋은 대학을 나오면 뭘 합니까? 나이 들어봐요. 돈 없으면 사람 구실도 못해요. 대학이 골프 실

토르와 아이들

벼락부자 건물주 토르

력을 올려준답니까?」

「네, 돈도 중요하죠. 그런데 골프 동호회 이름은 신박해야 좋지 않을까요?」

「아… 근데 이 방음장치를 어떻게 해야 하나?」

토르는 내가 한 말을 못 들었는지 갑자기 방음장치 이야기를 꺼냈다.

「저, 토르. 동호회 이름 이야기를 하고 있었어요.」 나는 그의 팔을 붙잡고 얼굴을 쳐다보면서 말했다.

「흠. 그랬나요?」

민감한 나는 알아차렸다. 이 사람 한쪽 귀가 안 들리는구나.

「내가 한턱낼 때는 잘 먹고 놀다 가면서, 자기들끼리 스터디 클럽을 만들었어요. 나이 든 아저씨들이 무슨 철학 공부를 한다고. 흥!」

토르의 화산이 이럴 때 폭발하는구나. 사람들은 그를 무식한 벼락부자라고 했다. 그런 사람이 어떻게 이렇게 훌륭한 예술 공연장을 지을 생각을 했을까?

「토르, 그런데 어떻게 예술에 관심을 가지셨어요? 이곳은 예술가들에겐 꿈의 무대거든요.」

「돌아가신 엄마가 피아노를 잘 치셨지요.」 60대 아저씨가 엄마…라고 한다.

「아~. 어쩐지. 예술가 엄마가 계셨군요. 토르도 공부를 계속 하셨으면….」

「….」

입을 꾹 다문 토르는 다리를 꼬더니 차를 한 모금 마셨다. 괜히 공부 이야기를 했나. 마침 뮤지컬 〈캣츠〉 관계자가 찾아왔다는 연락을 받고 그는 다시 일어섰다. 공연장을 둘러보니 넓은 객석에서 잔잔한 클래식이 흘러나왔다. 편백나무 향기와 잔잔한 조명, 양탄자의 감촉까지 편안함을 주는 공간이었다. 초록색으로 칠한 벽에는 토르와 여섯 명의 친구들이 함께 찍은 사진이 있었다. 희끗희끗한 머리카락과 주름이 있어도 그들의 표정에서는 자신감이 느껴졌다. 여간해서는 자기주장을 굽힐 것 같지 않은 사람들과 만든 동호회 이름을 그렇게 짓다니.

「모모, 들었지? 토르는 화통을 삶아 먹었는지 목소리가 장난 아니야.」
「응. 로비가 쾅쾅 울리더라. 목소리도 그렇지만 버럭 화를 낼 때마다 사람들이 오해하겠더라고.」

벼락부자 건물주 토르

「맞아. 나도 엄청 긴장했어. 오죽하면….」

「왕자, 사람들이 화가 날 때는 대부분 그 속에 어떤 바람이 있더라. 속에서 '욱' 하는 것이 올라왔을 때, 어떤 이야기를 하고 싶었을까?」

「화낼 때도 원하는 게 있다는 말이야?」

「그럼, 그냥 화를 내지는 않지. 화장실에 다녀온 왕자한테 토르가 영역 표시 어쩌구 할 때 기분이 어땠어?」

「아우, 나를 길 잃은 동네 강아지로 만드는데, 얼굴이 빨개지면서 창피했어. 존중받지 못하고 놀림당한 기분이랄까.」

「토르는 세상을 아군과 적군으로 나누어서 생각하는지도 몰라. 어린아이 같은 마음이지.」

「맞아. 꼭 초딩 같았어. 사람들이 무시할 때 방아쇠가 당겨지는 것 같더라. 금방이라도 화산이 터질 것 같았어.」

「다른 왕자도 사람들을 많이 봐왔으니 이제는 그 이유를 알지?」

나를 믿어주는 모모의 질문이 고마웠다. 생각해보니 나도 그동안 사람 공부를 많이 해온 것 같다. 지금까지 거쳐온 별에서 만난 이들을 주인공으로 '사람책'을 써도 되겠다.

「알지. 사람들의 행동에는 저마다 이유가 있다는 거. 그래도 토르가 화낼 때는 피하고 싶어.」

「분노 뒤에는 수치심이 숨어 있대. 토르가 살면서 겪은 에피소드가 있을 거야.」

그게 뭘까. 그러고 보니 나도 기다리고 참는 것이 좀 자연스러워진 것 같다. 예전 같았으면 보기 싫어서 그냥 이 별을 떠났을 거다. 저벅저벅. 저기 토르가 팔뚝에 힘줄을 드러내면서 걸어온다. 어우, 망치만 들고 있으면 게임 속 전사 같고 딱인데.

벼락부자 건물주 토르

이해하고 싶다면 공감 거울을 들어보자

토르가 들려주는 인생 스토리는 이러했다. 열다섯 번째 생일 전날, 피아니스트였던 엄마가 돌아가시자 음악감독이었던 아버지는 술만 마시다가 집을 떠나 연락을 끊었다. 하루 한 끼로 버티면서 간신히 학교를 다녔지만, 그의 배를 채워준 것은 힘의 세계였다. 만화 〈슬램덩크〉에서 무릎 부상 후에 방황하는 정대만이 그때의 자기와 비슷했다고 했다. 토르는 두들겨 맞으면서도 음악을 배우고 싶어서 남몰래 울었다. 그는 정처 없이 떠돌다가 음악에 이끌려 들어간 나이트클럽에서 일하면서 춤만 추었는데, 그때부터 청력이 나빠졌다고 한다.

조용한 안식처를 원했지만 고졸 학력으로는 취업이 어려워서 고향 집으로 돌아왔다. 그는 낡은 집을 개조해서 악기점을 하면 어떨까 하는 생각을 했다. 증조부로부터 물려받은 오래된 집터는 아름다운 나무들이 가득한 정원이 있었다. 혼자서 삽질하며 땅을 고르고 돌을 골라내던 어느 날, 놀라운 일이 벌어졌다. 세계적으로 희귀한 레드 다이아몬드가 발견된 것이다! 그날 이후 토르의 인생은 180도 바뀌었다.

「이야~! 영화로 만들어도 되겠어요. 완전 인간극장이네요.」

내가 엄지척을 하자 그는 헛기침을 했다. 잠시 방황하던 10대의 토르가 되어 봤다. 부모와 세상이 얼마나 원망스러웠을까.

「그 힘겨운 시간을 어떻게 버티셨나요?」

「건달들에게 언어맞아 몸이 욱씬욱씬 쑤실 때면 마음속으로 노래라도 흥얼거려 아픔을 잊었지. 신기하게도 맞는 순간, 어머니가 들려주시던 모차르트 소나타를 떠올리면 덜 아팠어요.」

전에 모모가 알려줬던 마음을 비추는 거울이 떠올랐다. 지금 토르의
마음이 어떨지 가만히 비춰주는 거다.

「아고, 음악으로 아픔을 견디셨군요.」

「흠….」

토르는 침묵했다. 거울에 비친 10대 토르를 둘이 함께 바라보는 것
같았다. 토르가 건달들에게 맞는 영화 속에서 모차르트 곡이 흘러나오
면 어떨까 상상하니 어울리지 않는 그림에 약간 어색했다. 다시 토르의
눈에 힘이 들어갔다.

「사는 게 쉽지 않아요. 인생은 강자만이 살아남는 정글이니까.」

이런 이야기는 잔잔하게 나눠야 분위기 있는데, 2층에 있는 직원들에게도 확성기로 말하는 것처럼 다 들릴 것 같았다.

「토르, 목소리가 커서 오해받은 적도 있지요?」

「그러거나 말거나! 사람들이 지껄이면 못 알아들어도 나는 그냥 웃어요. 내가 듣고 싶은 말만 들으면 됩니다. 여기서 공연을 하고 싶으면 어차피 다시 부탁하러 오게 되어 있어요.」

아이쿠. 돈의 힘이 무섭긴 하다. 토르의 우월감 가득한 목소리에 알 수 없는 촉촉함도 묻어났다.

「토르의 목소리에는 왠지 다른 감정도 들어 있는 것 같습니다.」

「다른 감정이라니… 흠.」

슬픔을 감추려는 듯 눈에 힘을 주고 상대를 쳐다보는 저 눈빛. 나는 왜 이런 걸 알지? 그건 힘든 상황을 견뎌온 힘이었다.

「혹시 영화 〈인사이드 아웃〉을 보셨나요? 토르의 마음속에는 슬픔이가 자리한 것 같은데요.」

「흠. 무슨 소리! 축 늘어지는 감정 따위가 나한테 있을 것 같소? 어림도 없지.」 그는 다시 눈에 힘을 주었다.

「보청기는 생각해보신 적이…?」

「내가 이렇게 젊은데 보청기라니!」

쩌렁쩌렁한 목소리에 나는 뒤로 주춤 물러섰다. 이번에는 슬픔이가 아닌 버럭이가 튀어나왔다. 무서워서 얼른 화제를 돌렸다.

「그런데요, 젊었을 때 나이트클럽에서 어떤 춤을 추셨나요?」

「들어는 봤나. Billie Jean Is Not My Lover!」

토르는 문워크를 하면서 로비를 돌았다. 팔뚝 근육들이 피아노 건반처럼 움직이면서 리듬을 탔다. 흐미, 이 사람도 양파과구나. 까도 까도 계속 나온다.

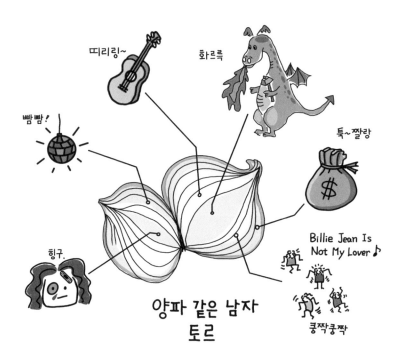

양파 같은 남자
토르

공통점을 찾아 협력자로 만들자

나는 토르를 따라 공연장 여기저기를 돌아봤다. 뮤지컬에서 클래식 연주회, K-POP 콘서트까지 다 소화할 수 있는 웅장한 건물이다. 토르에게는 다이아몬드라는 기적이 있었는데, 낙하산도 못 타는 내 신세를 생각하니 상대적인 박탈감이 밀려왔다.

「왕자, 아까부터 조용하군요.」

귀도 안 들리는 사람이 눈치는 백 단이다.

「토르는 부자라서 좋으시겠어요. 저는 좋아하는 걸 찾아 한 땀 한 땀 공들이면서 살려고요.」

「흠. 왕자는 어떤 걸 좋아하죠?」

「좋아하는 음악이 흘러나오면 저는 다른 행성으로 순간 이동을 합니다. 몸에서 음악이 흐르는 것 같아요. 다들 저보고 사차원이라고 해요.」

「사차원. 하하하.」

「네, 좋아하는 게 많아서 직업을 찾기도 어려워요. 제가 무얼 하면 설레는지 아직 찾고 있어요. 성질 급한 것 빼면 저도 괜찮거든요.」 나는 눈을 굴리면서 우주를 상상했다. 그분이 오셨다. 나도 모르게 두 팔을 하늘로 뻗었다.

「Fly me to the moon~.」

「Let me play among those stars~.」

헐! 토르가 이 곡을 받아치다니! 우리는 손을 들어 하이파이브를 했다. 아까와는 다른 전기가 온몸으로 흘렀다. 다큰 왕자와 덜 큰 토르. 직원이 내려와서 토르를 부르는 바람에 우리는 노래를 멈추었다.

「모모, 이 기분 알아? 내가 엉뚱하고 즉흥적이잖아. 그런데 토르도 비슷한 과야.」

「알지. 나는 언제나 왕자와 함께 있는걸. 왕자가 무엇을 좋아하는지 같이 느끼느라 고달프다. 어떤 때는 마음도 아프다. 하하.」

「아프냐, 나도 아프다.」 나는 모모의 말랑말랑한 몸통을 잡고 흔들었다.

「나이 차이가 있어도 예술을 좋아하는 사람들끼리 통하는 게 있나봐.」

「어휴, 성질 급한 버럭이와 내가 비슷한 게 있다니….」

아까는 같이 인증샷을 찍을 뻔했지 뭐냐. 나는 목욕을 마친 강아지처럼 몸을 부르르 떨었다. 그런데 테이블에 두고 간 토르의 핸드폰에서 계속 알람이 울린다. 오잉? 이건 중고거래 사이트 알람인데.

「모모~, 잠깐 봐도 될까?」

모모는 도리도리하며 엑스자를 그었다. 그런데 너무 궁금하다. 몸이 근질거려서 슬쩍 눌렀더니….

「헙! 캘시퍼야. 토르가 이런 굿즈를 모은다고?」

내 사랑 캘시퍼

토르의 관심 목록에는 캘시퍼 쿠션, 컵받침, 뒤집개, 인형이 잔뜩 담겨 있었다.

「왕자, 토르 온다.」

나는 얼른 핸드폰을 닫았다.

「다큰 왕자, 다음 달에 지브리 영화음악 콘서트가 열릴 겁니다.」 그는 계약이 만족스럽게 되었는지 두 손을 비비면서 웃었다.

「우와, 저도 OST가 좋아서 자주 들어요.」

토르는 턱을 만지작거리면서 나를 바라봤다. 관계를 위해 어떻게든 연결점을 찾는 나도 참 대단하다. 모모의 표현에 따르면 '스며들기 작전'을 잘 쓰는 게 나의 강점 아닌가.

「그래요? 어느 캐릭터를 좋아합니까?」

「두려움을 무릅쓰고 성장하는 치히로도 좋고, 솔직하게 자신을 표현할 때마다 젊어지는 소피도 좋고, 캘시퍼도 귀여워요.」

「흠. 영화를 많이 봤구만. 혹시 인턴으로 지원해볼 생각 없나요? 다큰 왕자라면 2, 3인분은 충분히 해낼 것 같은데요.」

영입 제안에 솔깃했지만 토르의 마인드는 나와 다르다.

「제안은 너무 감사하지만, 아직은 세상을 더 돌아보고 싶어요. 저는 1인분은 충분히 잘할 수 있지만, 그 이상을 원하시면 부담스러워요.」

「젊은 사람의 마인드가 겨우 그 정도입니까? 능력도 있어 보이는데 그렇게 뺀질이처럼 일하려고 한단 말입니까?」

내 말에 기분이 상했는지 토르는 로비가 떠나가도록 큰 소리로 말했다. 저 성질만 죽이면 얼마나 좋을까.

「토르, 저한테 주어진 일에 충실할 수 있다는 뜻이었어요. 그리고 저는 이번 여행의 마지막 별에서 만날 사람이 있어요.」

내가 진지하면서도 부드럽게 설명하자 토르는 흥분을 가라앉혔다.

「음… 왕자에게 중요한 여행이니 마침표를 찍어야겠지요.」

「….」

「왕자, 다양한 사람들을 만나면서 배우려는 시도는 좋아요. 젊은 사람이 그런 생각을 하다니 기특하군요.」 토르는 연륜 있는 아저씨처럼 말했다. 주변 사람들을 태우는 분노 에너지와 자기애는 어디로 가고 다

벼락부자 건물주 토르

정함이 전해졌다.

「생각이 바뀌면 다시 찾아와요.」

벼락이

드르

... 옴마야

벼락부자 건물주 토르

다른 왕자의 일기

자기애 뿜뿜인 토르의 별을 무사히 통과해서 감사하다. 이제는 필요할 때마다 아이언맨 수트를 잘 꺼내 입을 수 있다. 이번에도 공감 거울은 먹혔다. 아무리 강한 사람이라도 누군가 경청하고 공감해주면 말랑말랑해지는 것도 알았다. 누구나 인정받고 이해받고 싶어 하니까.

아까 토르와 같은 노래를 부르는데 오랜 동지를 만난 것 같았다. 다른 사람을 힘과 권위로 누르려는 사람은 정말 불편하다. 그래도 어쩔 수 없이 함께 일해야 한다면, 비슷한 관심사를 찾아서 말하는 게 좋겠다. 토르에게도 은근히 귀여운 부분이 있어 가끔 생각날 것 같다. 아, 이제 마지막 여행이 남았구나.

모모의 뼈 때리는 조언

권위적인 사람을 만나면 기억하자!

- 거만한 사람들의 내면에는 나약하고 외로운 '어린아이'가
  있다.
- 업무에 집중하고 너의 역량을 발휘하면 그들도 알아본다.
- 성공하고 싶으냐? 때로는 2.5인분을 해봐라.

눈부시다모모!

토르

60대 / 벼락부자 건물주   # ENTJ
관계를 힘의 대결로   # 지배형
보는 권위적인 사람   # 야심만만

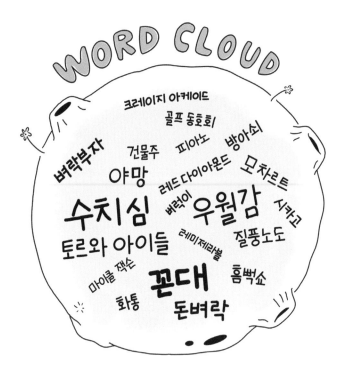

WORD CLOUD

크레이지 아케이드
골프 동호회
벼락부자   건물주   피아노   방아쇠
야망   레드 다이아몬드   모차르트
수치심   벼락이   우월감   시카고
토르와 아이들   레미제라블   질풍노도
마이클 잭슨   꼰대   홈쁙쇼
화통   돈벼락

기질 & 성격

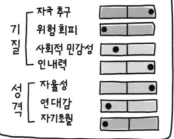

기질
- 자극 추구
- 위험 회피
- 사회적 민감성
- 인내력

성격
- 자율성
- 연대감
- 자기초월

마음 날씨

핵심 신념

"세상은 전쟁터다."

"사람들에게 허점을 보이면
나를 비웃을 것이다."

좌우명

"피할 수 없으면 즐겨라."

"최고의 순간은 갑자기 찾아오는 거야.
그게 인생이라고!"

취미

캘시퍼 굿즈 수집   다마고치 키우기
뉴진스 안무 따라 하기   고구마 팔뚝

chologie relatio...
t personnes des sept couleurs
qui nous apprend
et comprend les autres.

플로리스트 로제

장미 가시 같이
예민한 사람을 만난다면

Le Momo et le prince adulte

플로리스트 로제

장미 가시 같이 예민한 사람을 만난다면

에너지 충전할 시간을 주자

「왕자, 드디어 B314다!」

내가 살던 별에 돌아오자 가슴이 울컥하면서 눈물이 핑 돌았다. 로제는 이 별에 남았고, 나는 우주를 떠돌았다. 그를 만나기 10분 전. 머리로는 괜찮지만 몸은 긴장했는지 화장실이 가고 싶다. 내장기관 이 녀석은 어쩌면 이렇게 정확한가.

「그런데 왕자, 뭘 뿌린 거야?」 모모는 화장실에 다녀온 내 팔을 들어 킁킁거리며 냄새를 맡았다.

「아니… 그… 향수 아니야. 핸드워시 냄새야.」 나는 갑자기 얼굴이 빨개지면서 말을 얼버무렸다.

「로제가 아주 예민한 거 알지?」

「아, 맞아. 그랬지.」 나는 얼른 다시 씻고 와서 손을 털었다. 향기야 날아가라.

「잘했어.」

「로제가 정원사와 플로리스트가 되다니. 힘든 일인데 체력이 잘 따라줄까?」

나는 별을 돌아봤다. 바오밥나무가 너무 크지 않게 잘 관리하고 있네. 커다란 식물원은 돔 모양으로 되어 있어서 햇빛이 잘 드는데 유리창도 제법 깨끗했다. 혼자 하기에는 힘든 일인데 누가 도와주었을까?

「로제는 사소한 자극에도 쉽게 피곤해했잖아. 서로 대화할 때 목소리 톤이나 얼굴 표정에도 주의를 기울여 봐.」

「모모, 내가 그런 것까지 신경을 써야 해?」

시큰둥하게 핸드폰을 만지작거리는데 마침 샴푸 광고가 떴다. 이놈의 알고리즘은 참 집요하다. 로제를 따라 별을 산책할 때 코끝을 간질이던 상큼한 그린티 샴푸 향기. 들판에 핀 꽃이나 나무 이름을 알려줄 때도 나를 설레게 했지. 좋기도 하고, 원망스럽기도 한 이 마음은 뭐냐.

「섬세하고 감각이 있어서 이런 일을 잘할 거라 생각했어. 하지만 조금만 피곤해도 혼자 있고 싶다고 까칠했었지.」

「왕자, 사람마다 에너지를 충전하는 방법이 다르고, 배터리 용량도 다른 거 알지?」

「이제는 알 것 같아. 포레스트와 개스톤은 특히 달랐어.」

나는 지나온 별에서 만난 사람들의 에너지 레벨 순위를 매겨봤다. 토르, 개스톤, 세바스찬, 마르코, 알렉사, 포레스트, 로제. 이렇게 한 줄로 세우면 그들의 표정이 어떨까.

「왕자는 에너지 충전 속도가 어때?」

「음… 나는 좀 빠른 편인 것 같아.」

나는 토르와 비슷하다. 물론 핸드폰이 없을 때는 빛의 속도로 방전되지만. 쩝!

「로제에게 충분한 시간을 주면서 천천히 다가갈 수 있겠어? 예민한 사람들은 작은 비판에도 민감하거든.」

「아휴, 알지. 센서티브한 사람으로 말하자면 로제가 으뜸이라고!」

「오~, 왕자도 같은 과 아닌가?」

나는 모모의 말에 놀라 콜록콜록했다.

「어때? 왕자, 함께 이 고비를 넘겨볼까?」

「하아….」

< 캐릭터별 배터리 용량 >

플로리스트 로제

감정 뒤집어 보기

로제는 아담한 화원에서 능숙하게 꽃을 다듬고 있었다. 안으로 들어서는 나를 보자 잠시 머뭇거리더니 바로 손을 흔들었다.

「어머나~, 다른 왕자 반가워요. 언젠가는 돌아올 줄 알았어요.」

아, 이 음성은 뭐랄까, 현악기처럼 가냘프면서도 사교적이어서 누군가의 돌봄을 잘 이끌어내는 것 같다. 그의 미소는 우리가 떨어져 지낸 시간이 있었나 싶을 정도로 익숙했다.

「잘 지냈어요? 화환이 멋지네요. 플로리스트가 잘 어울려요.」

「네, 몸은 힘들어도 저랑 잘 맞네요. 왕자는 몰라보게 의젓해졌군요.」

내가 의젓해졌다고? 어깨를 으쓱하면서 주위를 둘러봤다. 그는 마감 시간을 지켜야 한다면서 다시 작업을 이어갔다. 바로 옆 '로제 카페'에 놓인 파란색 스피커가 눈에 띄었다. 거기서 흘러나오는 바이올린 소리가 화원을 서라운드로 감싸고 있었다. 'My favorite things'를 이렇게 연주해도 괜찮구나. 세련된 선율에 이끌려 나도 모르게 스피커를 만졌다. 'When the dog bites, When the bee stings.' 음악에 끌려 몸을 살짝 흔들려는 순간!

「왕자! 볼륨 좀 줄여요!」

로제의 카랑카랑한 목소리가 나를 물고 찔렀다. 정신 차려, 왕자! 작은 소리에도 민감하게 반응하는 로제였다고.

「앗, 미안해요. 음악이 좋아서 그만.」 얼른 스피커 소리를 낮췄다.

「나는 작업할 때 집중할 수 있게 환경을 조정해요.」

휴, 얼른 팔을 들어 킁킁 냄새를 맡았다. 빡빡 씻어서인지 아님 꽃향기 때문인지 넘어갈 수 있겠다.

「로제, 건강해 보이네요. 이곳과도 잘 어울려요. 관리하기 힘들지 않으세요?」

「나 혼자는 힘들다고 친구가 자주 찾아와서 도와줘요.」

친구? 그래, 이렇게 큰 식물원과 화원을 운영하려면 도움이 필요하겠지. 그래도 심장이 이상하게 저려왔다.

「아… 그렇죠. 혼자는 무리죠.」

「왕자가 떠나고 처음에는 나만의 시간이 좋았어요. 그런데 나에게는

플로리스트 로제

돌봐줄 사람이 필요했어요. 나는 혼자서는 절대 못 살거든요!」

「….」

「처음에는 SNS에 왕자 뒷담화를 하면서 어찌어찌 지냈는데 너무 공허했어요. 그렇게 무기력하게 지낼 순 없어서 일을 시작했어요. 건강 때문에 등산 동호회에 들어갔는데, 거기서 벤을 만났어요. 그거 알아요? 나이 든 사람이 따뜻하면 더 매력적인 거! 오랜 직장 생활을 마치고 인생 2막을 위해 정원 가꾸기에 도전한 사람이죠. 우리는 매일 통화해요.」

아~! 어쩐지 귀가 간지럽더라니. 조력자 옵션을 미처 생각하지 못했구나.

「벤은 나를 존중하고, 혼자 있고 싶을 때 절대 건드리지 않아요. 무엇보다 원하는 건 모두 들어줘요.」 로제는 "원하는 건 모두 들어줘요."를 힘주어 말했다. 꽃을 다듬는 가위질 소리가 점점 커졌다.

「아, 나는 이쪽 야생화 정원이 마음에 들어요. 뭐랄까….」 은근슬쩍 화제를 돌리려는 찰나 로제의 날카로운 목소리가 들렸다.

「그쪽에 서 있으면 어떡해요. 일하는데 집중이 안 되잖아요. 저쪽 카페에 앉아 차를 마시면 어때요?」

로제 앞에 있으면 늘 죄책감이 든다. 상대를 자기 마음대로 쥐었다 폈다 하려는 저런 태도에 나는 늘 작아졌다.

「앗, 그렇군요. 내가 찾아 마실게요.」

카페 진열대를 보니 티 종류가 열다섯 가지나 되었다. 커피 원두의 원산지도 뭐가 이렇게 많은지. 카키색 보드에는 날씨와 기분에 따라 추천하는 메뉴를 그림과 함께 빼곡히 적어놓았다. 정말 섬세한 사람이다.

「오늘 같은 날은 노을도 예쁠 거예요. 레몬그라스 진저티가 좋겠네요.」

내가 집어 들었던 티백과 로제의 추천템 사이에서 잠시 머뭇거렸다. 동공이 흔들렸지만 심호흡을 했다. 어느 것을 마실까요, 알아맞춰 보세요. 선택!

「로제가 나를 위해 노을과 잘 어울리는 차를 골라주는 건 고마워요. 그런데 오늘은 와일드 애플 시나몬 티백을 마시고 싶네요.」

이야~ 왕자, 많이 컸다. 전투에서 승리한 기분이 이럴 거야. 그런데 로제의 표정이 먹구름처럼 싸늘하게 돌변했다.

「왕자! 당신이 떠나고 내가 이 별을 지키느라 얼마나 힘들었는지 알아요? 흙을 갈아주고 병충해를 예방하는 것도 중노동이라고요. 사람이 어쩌면 그렇게 이기적이고 무책임해요?」

역시, 오, 올 것이 왔도다. 전투에서 승리는 개뿔.

「아, 그러니까… 로제, 나는 작은 별을 떠나 넓은 우주를 다니면서 사람들을 만나고 싶었어요.」 나도 모르게 침을 꼴깍 삼키고 두 손을 다소곳이 모았다.

「자기 별은 내팽개치고 사람들을 만나고 싶었다고요? 그래 만나보니 어떻던가요?」

「별들을 여행하면서 많이 배우고 성장한 것 같아요. 명확하게 설명할 순 없지만 나를 찾아 떠난 여행이었어요.」

플로리스트 로제

최대한 편안한 척하면서 차를 한 모금 마셨다. 내려놓는 찻잔이 달달달 소리를 냈지만 까짓것 어쩌라고. 이제는 그에게 질질 끌려다니지 않고 분명한 경계를 짓고 싶다.

「내가 무책임하게 떠나서 당신이 화났다는 걸 알아요. 사과하고 싶어요.」

이럴 때는 상대방의 감정을 명확하게 알아차리는 것이 필요하다고 모모가 말하지 않았던가. 정신 차렷!

「왕자, 화난 정도가 아니라 공포스러웠다고요!」

로제는 붉어진 얼굴로 소리를 확 질렀다. 내 모습은 갑자기 감정이 돌변하는 사자 앞에서 속수무책 당하고 있는 생쥐 같았다.

「공포… 스러웠다고요~?」

「그럼, 손바닥만 한 별에서 그나마 의지했던 사람이 갑자기 사라지는데 멀쩡한 사람이 어디 있겠어요?」

「아~, 그랬군요. 로제 입장에서는 엄청 무섭고 두려웠겠어요.」 그랬구나. 겉으로 드러나는 로제의 분노를 뒤집어 보니, 혼자 남겨지는 공포가 있었구나. 내가 너무 경솔했네.

「흠. 왕자가 이제야 조금이라도 반성을 하는군요.」

콩알만 해진 내 간이 다시 부풀어 올랐다. 그때 울리는 로제의 핸드폰 진동 소리. 그는 바로 표정을 바꾸었다.

「여보세요. 어머나~ 벤! 내가 자기 생각하고 있는 거 어떻게 알았떠요?」

내가 지금 연극을 보고 있나? 어디서 달고나를 녹이는지 달달해서 통화 내용을 못 들어줄 정도다. 그는 젓가락으로 설탕을 섞듯이 가위 든 손을 이리저리 흔들면서 통화했다. 어휴, 이 사람의 감정 날씨는 슈퍼컴퓨터가 있어야 유연하게 대처할 수 있겠다. 그때 가위가 떨어지면서 정원 귀퉁이에 있던 코다마 피규어가 박살났다.

「아이~ 벤, 내가 싸구려 캠핑 장비는 사지 말라고 했죠? 버리든 말든 그건 당신이 알아서 할 일이지만, 우리 식물원에 끌고 올 생각일랑 절대 하지 마세요. 네~, 자기 내일 봐요.」

누가 들으면 군대 상사가 부하에게 명령하는 줄. 로제는 통화를 마치자마자 부서진 피규어를 집어 들면서 얼굴에 웃음기를 싹 거두었다. 얼굴 근육이 저리도 빨리 변하다니 신기하고 놀랍다.

「아끼던 피규어인가 봐요.」

그는 내 말에 대꾸도 하지 않고 돌아섰다.

「로제, 이번 여행에서 제가 배운….」 최대한 겸손한 자세로 변명을 시작했는데 그가 내 말을 가로막았다.

「왕자, 화환을 어서 보내야 해요. 나는 바쁘니 알아서 시간 보낼 수 있죠?」

작업대로 돌아가는 로제의 뒷모습을 바라보는데 갑자기 한기가 느껴졌다. 강물에 빠졌다 나온 리트리버가 물기를 털 듯 몸을 부르르 떨었다.

이들의 애정 욕구는 마르지 않는다

저물어가는 햇볕이라도 쬐면 나을까 싶어 밖으로 나와 걸었다. 내가 아끼던 작은 나무 의자는 페인트가 벗겨진 채 바오밥나무 아래에 뒤집혀 있었다. 의자를 집어 들어 먼지를 털어내고 앉았다. 붉은 노을이 지기 시작하길래 오랜만에 핸드폰으로 사진을 찍었다. 그동안 별에서 만난 사람들이 하나둘 스쳐 지나갔다. 뭔지 모를 이상한 감정 덩어리가 가슴에서 눈까지 뜨겁게 올라왔다.

「왕자, 괜찮아?」

모모의 목소리를 들으니 울컥했다. 노을이 눈물에 젖어 뿌옇게 보였다.

「…」

「…」

나는 모모의 이런 침묵이 좋다. 서둘러 다가오지 않고 기다려주는 존재. 말없이 사라질까 조바심 내지 않아도 된다. 먼 하늘에서 유성이 흐르기 시작했다.

「모모, 내가 좀 경솔했지? 아무리 관계가 힘들었어도 그렇게 별을 떠나는 건 아니었어. 모든 게 내 탓인 것 같아.」

「왕자, 로제의 애정 욕구는 그 누구도 만족시킬 수 없어.」

「벤이라는 사람이 채워주지 않을까?」 사실 나도 채우고 싶다. 하지만 현재 내 애정 욕구 충전 레벨은 20%다.

「아니, 로제는 자신이 만든 이미지를 사랑하는 사람이야. 자기 자신만을 사랑하지. 왕자는 충분히 할 만큼 했어.」

「음… 그럴까. 어흐, 이런 걸 알려주는 학교라도 있음 좋겠다.」

「나를 지치게 하고, 내 에너지를 뺏어가는 사람은 차단해도 괜찮아.」

오잉? 솔깃한걸. 로제가 꽂은 빨대에 기가 빨려서 내 몸이 축 늘어지는 상상을 해봤다.

「도망가자, 어디든 가야 할 것만 같아~♪」 모모는 내 귀에 작게 가수 선우정아의 노래를 불렀다. 어흐, 간지러워. 모모가 이렇게 해결책을 제시하는 일은 드문 일인데. 도망가도 된다는 말이 왜 이렇게 위로가 되는지….

「휴우~.」

다시 화원으로 들어왔다. 카페 싱크대에서 찻잔을 씻는데 로제가 등산 동호회 사람들과 찍은 사진이 눈에 띄었다. 로제와 어깨동무를 한

희끗희끗한 수염이 난 사람이 남자 친구구나. 아니, 토르가 여기 있었네! 벤은 '토르와 아이들'이 될 뻔한 사람이구나. 이런 인연이! 도대체 두 사람의 나이 차이가 얼마나 되는 거야.

「왕자, 이 별은 이제 나하고 벤이 책임질 거예요. 왕자는 이곳에 머물 자격이 없어요.」로제가 팔짱을 낀 채 나를 쳐다봤다.

「헙!」

나도 이제는 로제의 공격에 단련되었나 보다. 내가 태어나 자란 이 별에 머물 자격이 없다고? 예전 같았으면 그에게 숙이고 들어갔겠지만, 오히려 속이 후련한 걸 보면 마음으로는 떠날 준비를 하고 있었나 보다.

모모와 다른 왕자

「로제, 당신이 이 별을 아름답게 가꾸고 있는 모습을 보니 마음이 놓이네요.」

「흠. 고맙군요.」 그는 시큰둥하게 대답했다.

「예술적 감각을 타고났으니 잘할 거예요. 저도 여행을 하면서 사람들과 소통하는 법을 배웠어요. 덕분에 당신과도 전보다 편하게 이야기할 수 있게 되었고요.」

「그러게요. 왕자도 좀 달라진 것 같아요.」

「그렇게 봐주니 다행이네요. 로제. 나는 내가 무얼 좋아하고, 무얼 할 때 설레는지 찾고 있어요. 그러려면 좀 더 별들을 돌아봐야 할 것 같아요. 당신도 건강 잘 돌보세요. 벤이 잘 도와주겠지요?」 웬일로 로제가 가만히 듣고 있다. 그는 머리카락을 쓸어 올리며 미소를 지었다.

「그럼요, 벤은 누구보다 나를 아끼는 사람이니까 든든해요. 후훗.」

「우리가 만나 엉킨 실타래를 푼 것 같아서 다행이에요.」

「왕자는 이제 더 이상 어린 왕자가 아니군요. 좋은 경험 많이 하길 바라요.」

로제는 잠시 기다리라고 하더니 정원에서 뭔가를 가져왔다. 그가 내 손바닥에 올려준 건 장미 모양의 모래시계였다. 거절할 이유가 없지. 그의 기분이 안정권에 있을 때 어서 굿바이 인사를 해야 한다.

「이제 나의 별을 찾아 떠날게요. 안녕.」

「좋은 별을 찾게 되길.」

「….」

다른 왕자의 일기

로제에게 휘둘리지 않아서 감사하다. 너무 반갑게 맞아주는 그의 미소에 마음이 약해질 뻔했다. 애정 욕구가 많고 감정 변화가 심한 사람들이 표현하는 걸 25%만 진심으로 받아들이라는 모모의 말이 도움이 되었다. 로제의 애정과 분노 사이에서 벤이라는 사람이 얼마나 휘둘릴까. 그 사람은 인내심이 있기를 바랄 뿐이다.

지금까지 별을 여행하면서 사람들과 부딪치고 새롭게 시도한 보람이 있다. 모모가 알려주었는데, 사람들은 저마다 간절하게 원하는 게 있고, 두려워서 피하는 게 있다고 한다. 그때 어떤 전략을 사용하는지가 중요하다. 로제는 친밀감을 느끼고 싶어서 사랑하는 사람에게 매달리고, 그가 떠날까 봐 두려워하면서 자기 마음대로 쥐었다 폈다 하면서 조종하고 있었다. 다음 별에서는 어떤 사람들을 만나게 될까?

모모의 뼈 때리는 조언

예민한 사람을 만나면 기억하자!

- 관계에 지나치게 매달리는 사람들의 애정욕구는 남들이 채워줄 수 없다.
- 변덕스러운 사람의 불안정한 마음을 큰 그릇으로 담아주고 버텨주자.
- 상대가 가스라이팅해서 힘들면 도망가라.

앗~따갑모모!

냉랭 싸늘~

휘잉~

로제

20대 / 플로리스트   # ISFJ

B314를 가꾸면서도   # 센서티브

누가 떠나갈까 두려워함   # 예술감각

WORD CLOUD

열정 까칠함 먹방

매력적 꽃 콧대 이기적

모래시계

감정기복 애정욕구

불안 에너지효율 5등급

High Sensitive Person 요가 시계

차박캠핑

수면등

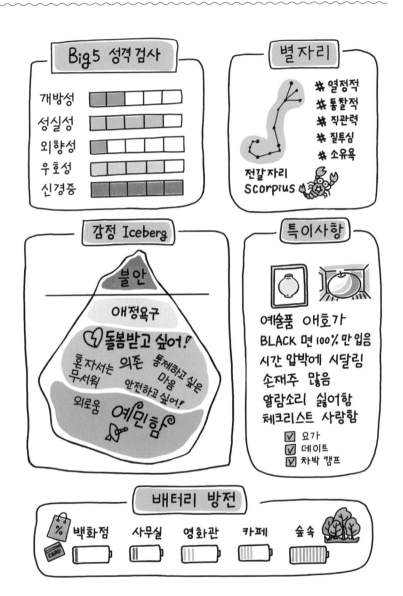

Big5 성격 검사

개방성
성실성
외향성
우호성
신경증

별자리

✳ 열정적
✳ 통찰적
✳ 직관력
✳ 질투심
✳ 소유욕

전갈자리
Scorpius

감정 Iceberg

불안

애정욕구

♡ 돌봄받고 싶어!

혼자서는
무서워

의존

통제하고 싶은
마음

안전하고 싶어!

외로움

예민함

특이사항

예술품 애호가
BLACK 면 100% 만 입음
시간 압박에 시달림
손재주 많음
알람소리 싫어함
체크리스트 사랑함

☑ 요가
☑ 데이트
☑ 차박 캠프

배터리 방전

백화점   사무실   영화관   카페   숲속

플로리스트 로제

새로운 여행을 위해

내 삶의 주인공이 되자!

나는 다시 출발점에 서 있다. 마음속에 붙잡고 있던 B314를 기꺼이 놓아버렸다.

「모모, 나는 모든 걸 잃을 각오가 되어 있어. 아직 젊으니까 불확실한 삶을 살아보는 것도 괜찮아. 실패하든 성공하든 꾸준히 해볼게.」

「왕자가 어떤 선택을 해도 나는 믿어. 바닥을 쳤다면 이제는 올라갈 일만 남은 거잖아.」

「그래. 내 삶의 주인공이 되어보려고 해.」

로제가 준 모래시계를 꺼내어 손바닥에 올려놓았다. 장미꽃처럼 빨간 모래가 좁은 틈으로 사르르 빠져나가 바닥에 쌓였다. 별별 여행에서 만난 사람들을 떠올리며 시계를 뒤집어봤다.

「스르르.」 모래 소리를 따라 해봤다. 책방 주인 마르코는 클라이밍을 하고 있을까. 세바스찬의 알통은 더 굵어졌겠지. 알렉사는 고양이들과 잘 지내고 있나. 포레스트는 오늘도 새벽 물안개를 보러 갔을까. 개스톤은 대청소를 해야 하는데. 토르는 캘시퍼 굿즈를 많이 모았겠지. 모모는 옆에서 모래가 흘러내리는 걸 함께 지켜봤다.

「왕자, 별에서 만난 사람들을 생각하는구나.」

「….」

「그들도 왕자를 그리워할 거야.」

「살아가면서 가끔 떠올릴게. 그거면 충분해.」

「그들과의 관계가 어떻게 흘러가는지 마음을 열어놓고 지켜보자. 이 넓은 우주에서 옷깃만 스쳐도 인연인데.」

「그래. 인연이 되면 또 만나겠지.」

내 앞에 펼쳐진 하늘을 마주하니 가슴이 시리고 따끔거렸다. 두 손을 나비 날개처럼 모아 나를 꼭 안아주었다. 왕자, 너의 삶이 기대된다. 반짝이는 별들을 향해 고개를 들었다.

새로운 여행을 위해

업그레이드 된 육각형 인간

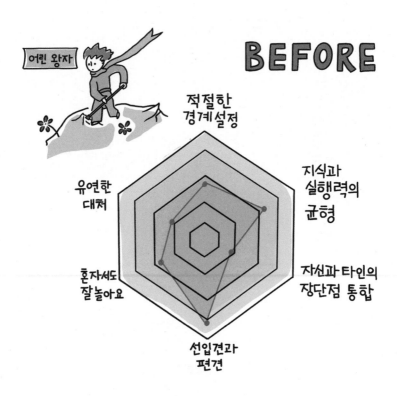

어린 왕자

BEFORE

적절한
경계설정

지식과
실행력의
균형

유연한
대처

자신과 타인의
장단점 통합

혼자서도
잘놀아요

선입견과
편견

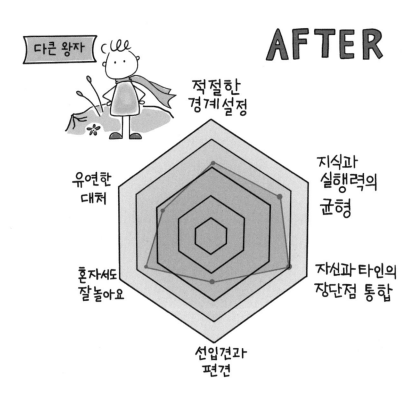

실행력이 부족한 사람을 만나면 기억하자!

- 모든 행동에는 이유가 있다.
- 마음을 얻고 싶으면 먼저 상대방의 이야기를 들어라.
- 남의 실행력을 말하기 전에 너부터 돌아봐라. "아침에 이불은 갰냐?"

프로 루틴러를 만나면 기억하자!

- 상대가 지루하고, 심심할 거라는 편견을 버리자.
- 지금 이 순간에 집중하면 행복하고 감사할 수 있다.
- 그가 하는 일이 큰 성과는 없어 보여도 바라봐주자.

완벽주의자를 만나면 기억하자!

- 상대는 내가 통제할 수 없는 존재다.
- 강박적인 사람에게는 "실수해도 괜찮아"로 바꿔 말해줘라.
- 워커홀릭 상사나 동료가 힘들게 하면 6초 동안 심호흡을 하자.

모모와 다른 왕자

삶의 속도가 다른 사람을 만나면 기억하자!

- 서로의 존중과 이해만이 관계를 풍성하게 해준다.
- 자존감이 높은 사람들은 자신의 감정을 잘 알아차리고 이름을 잘 붙인다.
- 먼저 나의 속도를 점검해라. 시속 300km인지, 20km인지?

허영심 많은 사람을 만나면 기억하자!

- 사람은 누구나 산소처럼 꼭 필요한 존재로 인정받고 싶어 한다.
- 불편한 동료가 있다면 상대방의 괜찮은 점 3가지를 찾아봐라.
- 끌리는 사람이 되고 싶은가? 먼저 외모를 가꾸고 다정한 사람이 되어라.

권위적인 사람을 만나면 기억하자!

- 거만한 사람들의 내면에는 나약하고 외로운 '어린아이'가 있다.
- 업무에 집중하고 너의 역량을 발휘하면 그들도 알아본다.
- 성공하고 싶으냐? 때로는 2.5인분을 해봐라.

예민한 사람을 만나면 기억하자!

- 관계에 지나치게 매달리는 사람들의 애정욕구는 남들이 채워줄 수 없다.
- 변덕스러운 사람의 불안정한 마음을 큰 그릇으로 담아주고 버텨주자.
- 상대가 가스라이팅해서 힘들면 도망가라.

나를 찾아 떠나는 시간
Into the I-Land

MBTI 4가지 차원을 알면 자기 이해지능이 높아지고,
대인 관계가 좋아집니다.

MBTI

외향형 E

외부 활동에 적극적, 사람들에게 먼저 인사함,
마당발 인맥, 감정이 잘 드러남,
경험한 다음에 이해, 말하기 좋아함.

E

> 세상과 사람에 관심이 많긴 하지.
> 말 못하면 입이 근질근질~^^

I와 소통할 때

> 내 활력이
> 알렉사에게
> 부담스러울까?

* 나의 많은 표현과 활력이 상대에게 부담스러울 수 있어요.
* 물어본 뒤에는 생각할 시간을 충분히 주세요.
* 친구로 믿고 신뢰하는 데는 시간이 필요해요.

E

모모와 다른 왕자

에너지의 방향과 주의 초점에 따라 외향형과 내향형으로 나뉩니다.

여러분은 어떤 쪽이 자연스럽고 편한가요?

내향형 I

내부 활동에 적극적, 누가 말 걸어주길 기다림,
1 : 1 관계, 말하지 않으면 속을 모름,
이해한 다음에 경험, 듣는 걸 좋아함.

내향형도 내면 세계의 일에
적극적이야.

표현하지 않으면
모른다고?
그걸 꼭 말해야
알다니 …ㅠㅠ

E와 소통할 때

* E가 자기 생각을 말할 시간을 주세요.
* 표현하지 않으면 사람들은 당신 마음을 잘 몰라요.
* 조금만 더 힘 있게 말해보세요.

정보를 인식하고 수집하는 기능에 따라

감각형과 직관형으로 나뉩니다.

감각형 S

오감으로 배움, 주의 초점 – 지금과 현재,
나무를 잘 보는 섬세함, 실생활에 도움, 사실적 사건 묘사,
전통과 관례를 따르는 경향.

나는 섬세하게
관찰하지.

N과 소통할 때

* N의 창조적 상상력을 칭찬해주세요.
* 아이디어에 대한 미래의 가능성을 말해주세요.
* N이 꿈이나 아이디어를 표현하도록 격려해주세요.

섬세함 받고
예민함 추가!

여러분은 어떤 쪽이 자연스럽고 편한가요?

직관형 N

육감으로 이해, 주의 초점 – 미래와 가능성,
숲을 잘 보는 넓은 시야, 가능성과 의미 추구 및 미래지향,
비유·암시적 묘사, 새로운 시도를 하는 경향.

직관만 따르다 보니
일관성이 없다는 말을
자주 들었지.

S와 소통할 때

* 의견을 말할 때는 구체적인 예를 들어주세요.
* 실제 생활에 관련된 이미지나 언어를 사용해보세요.
* 주제를 말할 때는 순차적으로 정보를 보여주세요.

세 번째 I-LAND

판단과 의사결정하는 패턴에 따라

사고형과 감정형으로 나뉩니다.

사고형 T

사실과 진실에 관심, 원리와 원칙, 지적 논평을 좋아함,
상황 파악 후 잘못을 먼저 지적함,
잘못을 확실하게 짚고 넘어감, 원인과 결과가 중요.

내가 왕자를 아껴서 하는 소리임…

왕자가 B314를 무작정 떠난 건 잘못한 겁니다!

T

네 험!

F

F와 소통할 때

* 함께하고 싶으면 먼저 친하게 지내요.
* 칭찬은 아끼지 말고, 비판은 부드럽게!
* F에게 대화란 '마음을 나누는 것'입니다.
* F는 경쟁보다 Win-Win 상황을 좋아해요.

암~.
내가 선입견이 있었나봐요.
사실 친해지고 싶어서…

T

여러분은 어떤 쪽이 자연스럽고 편한가요?

감정형 F

사람과 관계에 관심, 의미와 영향,
우호적 협조를 좋아함, 상황 파악 후 상대방을 먼저 걱정함,
부드럽게 타이름, 좋다와 나쁘다가 중요.

T와 소통할 때

* 차분하고 객관적으로 당신의 능력을 어필하세요.
* 논리적인 이유와 분명한 생각을 가지고 의견을 말해보세요.
* 이들의 비판적인 피드백을 감정적으로 받아들이지 마세요.

네 번째 I-LAND

외부 세계에 대처하는 Life Style에 따라

판단형과 인식형으로 나뉩니다.

판단형 J

계획대로 Go Go!, 집중한 것을 봄, 과제는 바로바로,
분명한 목적의식, 정보 수집보다는 결정하기에 관심,
마감시간 엄수.

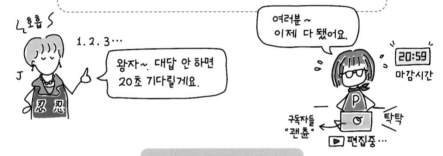

P와 소통할 때

* 당신의 시간표보다 '두 배의 여유 시간'을 주세요.
* P는 마지막 순간에 바뀔 수 있다는 것을 기억하세요.
* 상황에 따라 융통성을 발휘하는 것을 허용하세요.
* 결과보다는 과정에 초점을 맞추는 것도 좋아요.

여러분은 어떤 쪽이 자연스럽고 편한가요?

인식형 P

핸드폰만 있으면
여행준비 끝!

Feel대로 Go Go!, 보이는 것에 집중,
과제는 벼락치기, 목적과 방향의 변화,
결정보다는 정보 수집에 관심, 마감시간은 출발 신호.

Oh my!

어… 토르네 행성에
들렀다 갈게요.

왕자가 4시에 온다면
나는 3시부터 기다릴 거예요.

J와 소통할 때

* 대화하기 전에 미리 의사결정을 하세요.
* 중간에 계획이 바뀌면 '미리' 알려주세요.
* J형은 계획대로 안 되면 스트레스를 받을 수 있어요.
* 체계적이고 효율적인 모습을 보여주세요.

오잉? 나랑 비슷하네.

다섯 번째 I-LAND

애착 유형에 따라 대인 관계에서 겪는 어려움이 다를 수 있어요.
세 개의 유형 중 당신의 느낌을 잘 표현한 것을 골라보세요.

애착 유형 상황

A
* 나는 사람들과 친해지는 데 약간 불편하다.
* 나는 사람들을 완전히 믿고 의지하는 데 불편함을 느낀다.
* 나는 사람들과 늘 일정한 거리를 유지하려고 한다.

B
* 나는 사람들과 친해지는 것이 비교적 쉽다.
* 나는 필요하다면 다른 사람에게 의지하기도 한다.
* 나는 다른 사람이 의지하는 것을 편안하게 받아준다.

C
* 나는 사람들과 친해지고 싶지만, 사람들이 나와 가까워지는 데 주저하는 것 같은 느낌을 받는다.
* 나는 다른 사람이 정말로 나를 사랑하지 않거나 나와 함께 있고 싶지 않을까 걱정할 때가 종종 있다.

A 회피형   **B 안정형**   **C 불안형**

모모와 다른 왕자

애착은 '나는 안전해'라는 느낌입니다. 지금 함께 있지 않아도,
눈에 보이지 않아도 우리가 서로 연결되어 있다는 믿음이에요.

애착 유형별 TIP

회피형을 위한 TIP

* 당신은 힘든 일이 생기거나 스트레스를 받으면 혼자만의 공간으로 들어갈 수도 있어요.
* 그럴 때는 당신 주변의 믿을 만한 사람에게 도움을 요청해보세요.
* 그 사람들은 당신을 따뜻하게 도와줄 거예요.

안정형을 위한 TIP

* 상대방이 한 걸음 나아갈 때 당신도 다가가고, 상대방이 한 걸음 물러날 때 당신도 물러나서 기다려주세요.
* 회피형과 불안형도 얼마든지 안정형이 될 수 있다는 걸 기억하세요.

불안형을 위한 TIP

* 사람들이 당신을 싫어하거나 떠날까 봐 걱정할 때가 있나요?
* 가끔 자신감이 떨어지고, 가까운 관계에서 더 어려움을 느낄 때도 있을 거예요.
* 관계에 몰두하는 당신에게 한번 물어보세요. "너는 지금 사랑받고 싶니?"

여섯 번째 I-LAND

여러분은 스트레스를 받을 때 자신을 어떻게 돌보고 있나요?

스트레스 호르몬을 줄여주는 활동을 자주 실천해보세요

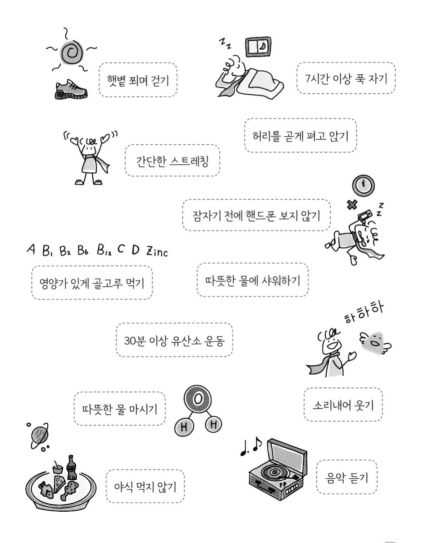

눈동자를 좌우로 크게 움직이기

일기 쓰기

애완동물과 놀기

책 읽기

턱근육 이완

사진 찍기

소리내어 울기

퍼즐 맞추기

아로마테라피

열까지 세어보기

그림 그리기

청소하기

멍때리기

나만의 비법은?

Le Momo et le prince adulte

인간에 관한 관심과 애정에 재미와 기발함을 더한 작품을 읽으면서 모모라는 지혜로운 어른과 다큰 왕자, 이 시대의 젊은이들이 동행하는 상상을 했습니다. 이 책에 등장하는 일곱 명의 인물을 만나면서 주변에 비슷한 인물들을 떠올리고 이해하는 과정이 흥미롭습니다. 다큰 왕자의 관계 맺기 여행에 동행하는 독자들의 인생이 사랑과 지혜로 빛나길 기원합니다.

- 김미선 / 상담심리전문가, 현경 심리상담연구소

어린 왕자에서 다큰 왕자로 돌아와 관계 멘토로 변신한 콘텐츠가 신선하면서도 쉽게 다가옵니다. 한 장에 담뿍 든 사실적 묘사와 현실적인 뼈 때리는 조언은 무엇인가를 해볼 만하게 만들어줍니다. 대미를 장식한 워크북은 모든 대상에게 필요한 노하우를 모아 놓아 관계 성장을 원하는 사람들에게 도움이 될 것입니다.

- 남윤희 / 상담심리전문가, 마음작업실 풀다

다른 왕자는 독서교육과 상담심리학을 융합시켜 치유 독서의 지평을 열어오신 모모쌤이 그간의 경험을 녹여내어 정리한 인간관계학 원전입니다. 7인 7색의 인물 분석을 통해 어린 왕자가 풀어내지 못한 관계 문제를 논리적 근거와 섬세한 체계를 바탕으로 이해하기 쉽게 담아내었습니다. 독서 교육자들에게 보물 같은 텍스트가 될 것입니다.

- 박형만 / 해오름평생교육원 으뜸일꾼

인간관계에 대한 자기 치유가 필요한 분들께 강력히 추천합니다. 만약 '어린 왕자'가 관계에 능숙했다면 과연 자기 별을 떠났을까요? 2만 시간이 넘게 수많은 이들을 상담하면서, 그들의 문제가 아무리 다양해도 결국은 '관계'라는 고민으로 집약된다는 걸 알게 되었습니다. 작가의 재치 있는 삽화와 함께 모모쌤의 친절한 관계 안내도를 따라 여행하다 보면, 어느덧 독자들 내면의 '어린 왕자' 또한 인간관계를 다룰 줄 아는 '다른 왕자'가 될 수 있을 것입니다.

- 백지연 / 단국대학교 교육대학원 상담심리전공 초빙교수, 서양화가

B-612의 '어린 왕자'가 80여 년 만에 '다른 왕자'로 우리 곁에 돌아왔습니다. 이 책이 들려주는 사람들의 심리에 관한 이야기는 MZ세대 청년들이 자기 자신과 타인을 조금 더 다정하게 바라보고 다가서게 합니다. 어린 왕자의 빈티지가 그랬듯, 모모와 다른 왕자가 선물해주는 또 다른 지혜를 만나보시길 바랍니다!

- 변상우 / 서울예술대학교 교수

모모와 다른 왕자, 7명의 등장인물의 흥미진진한 에피소드가 친근한 삽화와 함께 그려져 책장이 절로 넘어갑니다. 어려운 내용을 쉽게 풀어주었고, 글과 그림이 찰떡궁합이라 페이지가 스르르 넘어갑니다. 모모의 '뼈 때리는 조언' 덕분에 관계를 돌아볼 수 있어서 기대되고, 소통을 도와주는 훌륭한 지침서를 갖게 되어 신이 납니다.

- 서애란 / 서양화가

〈모모와 다른 왕자〉를 읽으면서 여러분은 먼저 자신과 건강한 관계를 맺고, 다른 사람과의 성숙한 관계도 연습할 수 있는 용기를 낼 수 있을 것입니다. 다른 왕자와 함께하는 이 여행을 통해서 독자들만이 가지고 있는 다양한 색이 더욱 빛나게 될 것입니다.

- 이경림 / 아동복지실천회 세움 상임이사

작가의 시선과 마음이 머무는 곳에 서로 연결되지 못하고 외딴섬처럼 서성이는 젊은 세대들을 향한 연민과 따뜻함이 가득 깃들어 있습니다. '타인은 지옥'이라는 어려운 현실에서 요정 모모를 따라가다 보면, 어느새 그들을 내 안에 들이고 함께 어우러지는 자신을 발견하게 될 것입니다.

- 이영은 / 상담심리전문가, 메티스 신경정신과의원, 이해와공감 심리상담센터

모모쌤은 글로 배운 지식이 아닌, 자기 삶의 굴곡 속에서 깨달은 것들과 또 마음이 아픈 많은 내담자와의 상담 경험 속에서 다듬어진 지혜를 이 책에 잘 녹여냈습니다. 직접 그린 그림은 독자가 그 지혜의 정수로 더 빠르게, 가

깝게 다가갈 수 있도록 돕습니다. 요즘 시대에 누구나 가지고 있는 인간관계에 대한 고민과 걱정의 실마리를 흥미롭게 풀어내 줄 이 책을 모두에게 추천합니다.

- 이지선 / 이화여자대학교 사회복지학과 교수, <꽤 괜찮은 해피엔딩> 저자

책 제목을 보고 "내가 아는 '어린 왕자'랑 뭐가 다르겠어?"라고 생각했다면 큰 오산입니다. 여행과 성장이라는 흐름은 동일하지만, 다큰 왕자는 완전히 새로운 캐릭터입니다. 다큰 왕자는 미숙하지만 성장하려고 한다는 면에서 우리 자신이기도 합니다. 다큰 왕자가 만난 7명의 캐릭터는 우리를 불편하게 하는 대표적인 인물들입니다. 모모와 다큰 왕자의 여행을 따라가다 보면, 사람들과 어떻게 만나고 성장할 것인가를 스스로 깨달을 수 있게 될 것입니다.

- 정의석 / 상담심리전문가, <나는 즐겁게 상담한다> 저자

명작과 상담의 만남! 동화 주인공과 상담 전문가의 만남! 성장과 성숙은 만남을 통해 섞이고 관계하며 자신과 타인을 이해할 때 생겨나는 선물입니다. 이를 동화 같은 이야기와 심리상담의 엑기스로 녹여낸 모모쌤의 기발한 아이디어와 창작의 노고에 박수를 보냅니다. 인간관계를 고민하는 모든 분에게 추천합니다.

- 최명식 / 상담심리전문가, 명 심리상담소

이 책은 독서치료자이자 상담심리전문가인 모모쌤이 우리가 일상에서 경험하는 근심과 걱정, 불안, 기대를 어린 왕자의 호기심과 따뜻함으로 동행하며 보살펴줄 뿐 아니라 새로운 시각에서 탈바꿈하도록 돕는 산뜻한 그림책입니다. 다른 왕자와 모모의 좌충우돌 여행길에 독자분들을 초대합니다.

- 한기백 / 서강대학교 교육대학원 상담심리학과 교수

모모쌤은 인생에서 겪는 여러 위기를 온전히 겪어내며 그 과정에서 경험한 지혜와 통찰을 이 책으로 전달하고 있습니다. 심리학과 명작 패러디가 만난 대인 관계 안내서! 여러분 안에 있는 다른 왕자를 지금 만나보시겠어요?

- 허지은 / 상담심리전문가, <나는 상담심리사입니다> 저자

1장

이명희 & 김아영. (2008). 자기결정성이론에 근거한 한국형 기본 심리 욕구 척도 개발 및 타당화. 한국심리학회지: 사회 및 성격, 22(4), 157-174.

장지민. (2021). 대학생의 정서인식 명확성, 자아존중감, 공감이 대인관계 유능성에 미치는 영향. 동서정신과학, 24(2), 11-30.

최은주 & 홍정순. (2023). 초기성인의 정서인식 명확성과 대인관계 능력 간의 관계: 자기연민과 적응적 정서조절 방략의 매개효과. 한국심리치료학회지, 15(1), 1-20.

Deci, E. L., & Ryan, R. M. (2012). Self-determination theory.

Locke, E. A., & Latham, G. P. (2013). Goal setting theory, 1990.

2장

안세진 & 도보람. (2023). 청년세대의 집단주의 성향과 호감 및 행동 평가의 관계에 미치는 세대의 조절효과. 인사조직연구, 31(2), 89-120.

Stutz, P., & Michels, B. (2012). The tools. Random House.

Vostal, B. R., Mrachko, A. A., Vostal, M., & McCoy, A. (2021). Effects of group behavioral skills training on teacher candidates' acquisition and maintenance of active listening. Journal of Behavioral Education, 1-20.

3장

김나래 & 우영지. (2022). 취업준비생의 자기자비, 취업스트레스, 우울의 관계: 자기지향 완벽주의의 조절된 매개효과. 인간이해, 43(1), 1-20.

김민주 & 이민규. (2016). 자기자비 글쓰기가 평가염려 완벽주의를 가진 대학생의 자기비난 및 정서에 미치는 효과. 한국심리학회 학술대회 자료집, 236-236.

김은혜 & 조한익. (2023). 완벽주의적 자기제시가 불안에 미치는 영향에서 인지적 유연성과 자기자비의 매개효과. 청소년연구, 30(3), 1-25.

박지영 & 김향숙. (2022). 완벽주의적 자기제시와 정서적 부적응의 관계: 고통 과잉 감내와 경험회피의 순차적 매개효과를 중심으로

이동현 & 김향숙. (2021). 고통 과잉 감내 척도의 타당화 연구: 한국 대학생 집단을 대상으로. Korean Journal of Clinical Psychology, 40(2), 143-155.

Beck, A. T., & Clark, D. A. (1997). An information processing model of anxiety: Automatic and strategic processes. Behaviour research and therapy, 35(1), 49-58.

Hewitt, P. L., Smith, M. M., Ge, S. Y., Mössler, M., & Flett, G. L. (2022). Perfectionism and its role in depressive disorders. Canadian Journal of Behavioural Science/Revue canadienne des sciences du comportement, 54(2), 121.

Neff, K. (2003). Self-compassion: An alternative conceptualization of a healthy attitude toward oneself. Self and identity, 2(2), 85-101.

4장

마크 & 브래킷. (2020). 감정의 발견. The Business Books and Co., Ltd.

Brackett, M. A., Bailey, C. S., Hoffmann, J. D., & Simmons, D. N. (2019). RULER: A theory-driven, systemic approach to social, emotional, and academic learning. Educational psychologist, 54(3), 144-161.

Greenberg, L. S. (2002). Integrating an emotion-focused approach to treatment into psychotherapy integration. Journal of Psychotherapy integration, 12(2), 154.

Gohm, C. L., Baumann, M. R., & Sniezek, J. A. (2001). Personality in extreme situations: Thinking (or not) under acute stress. Journal of Research in Personality, 35(3), 388-399.

Raichle, M. E. (2015). The brain's default mode network. Annual review of neuroscience, 38, 433-447.

참고 문헌

Rivers, S. E., Handley-Miner, I. J., Mayer, J. D., & Caruso, D. R. (2020). Emotional Intelligence.

Stutz, P., & Michels, B. (2012). The tools. Random House.

Vine, V., Bernstein, E. E., & Nolen-Hoeksema, S. (2019). Less is more? Effects of exhaustive vs. minimal emotion labelling on emotion regulation strategy planning. Cognition and Emotion, 33(4), 855-862.

5장

노안영 & 강영신. (2003). 성격심리학, 학지사.

문요한. (2018). 관계를 읽는 시간: 나의 관계를 재구성하는 바운더리 심리학. 더퀘스트.

허지원. (2018). 나도 아직 나를 모른다. 홍익출판사.

Cooper, J. (2019). Cognitive dissonance: Where we've been and where we're going. International Review of Social Psychology, 32(1).

Festinger, L. (1962). A theory of cognitive dissonance (Vol. 2). Stanford university press.

6장

김태형. (2012). 자기대상 전이의 인식 경험에 대한 상담 사례 연구. 장신논단, 44(2), 283-304.

마크 & 브래킷. (2020). 감정의 발견. The Business Books and Co., Ltd.

문요한. (2018). 관계를 읽는 시간 : 나의 관계를 재구성하는 바운더리 심리학. 더퀘스트

박창현 & 장유진. (2021). 자기애의 핵심 특성과 표현 차이에 관한 메타 분석: 대학생을 중심으로. 한국심리학회지: 상담 및 심리치료, 33(1), 417-448.

양진원 & 권석만. (2016). 병리적 자기애 성향자의 웅대성과 취약성에 따른 정서적 특성. Korean Journal of Clinical Psychology, 35(1), 215-242.

Echterhoff, G. (2014). Achieving commonality in interpersonal communication: Shared reality and memory processes. Asian Journal of Social Psychology, 17(2), 104-107.

Kernberg, O. (1975). Borderline conditions and pathological narcissism. Jason Aronson. Inc. New York.

Kohut, H. (2009). The restoration of the self. University of Chicago Press.

Pincus, A. L., Cain, N. M., & Wright, A. G. (2014). Narcissistic grandiosity and narcissistic vulnerability in psychotherapy. Personality Disorders: Theory, Research, and Treatment, 5(4), 439.

Rizzolatti, G., & Craighero, L. (2004). The mirror-neuron system. Annu. Rev. Neurosci., 27, 169-192.

7장

김창대. (2012). 과정기반개입모형 (PBIM) 과 사례개념화. 서울: 이음세움심리상담센터.

Luyten, P., Campbell, C., & Fonagy, P. (2020). Borderline personality disorder, complex trauma, and problems with self and identity: A social‐communicative approach. Journal of Personality, 88(1), 88-105.

Porter, C., Palmier‐Claus, J., Branitsky, A., Mansell, W., Warwick, H., & Varese, F. (2020). Childhood adversity and borderline personality disorder: a meta‐analysis. Acta Psychiatrica Scandinavica, 141(1), 6-20.

부록

Myers, I. B. (1998). MBTI manual: A guide to the development and use of the Myers-Briggs Type Indicator. Consulting Psychologists Press.

Kirkpatrick, L. A., & Hazan, C. (1994). Attachment styles and close relationships: A four‐year prospective study. Personal relationships, 1(2), 123-142.

Atkinson, S. (2011). Climbing out of depression. Lion Books.

Kwon, Y. J., Kim, J. H., & Kim, M. (2018). The Effects of a Self-Compassion Program on Body Satisfaction, Body Shame, Self-Esteem and Subjective Well-Being among Female University Students with Negative Body Image. Korean Journal of Stress Research, 26(4), 296-304.

Neff, K. (2011). Self-compassion: Stop being yourself up and leave insecurity behind. London: Hodder & Stoughton Ltd.

모모와 다크 왕자

제1판 1쇄 발행 2024년 3월 4일

지은이   엄혜선
발행처   애드앤미디어
발행인   엄혜경
등록   2019년 1월 21일 제 2019-000008호
주소   서울특별시 영등포구 도영로 80, 101동 2층 205-50호
            (도림동, 대우미래사랑)
홈페이지   www.addand.kr
이메일   addandm@naver.com
기획편집   애드앤미디어
디자인   얼앤똘비악 www.earlntolbiac.com

ISBN   979-11-982408-8-0(13180)

책값은 뒤표지에 있습니다.
잘못 만들어진 책은 구입처에서 바꿔 드립니다.

애드앤미디어는 당신의 지식에 하나를 더해 드립니다.